A Família em Primeiro Lugar

Dr. William J. Doherty
Barbara Z. Carlson

A Família em Primeiro Lugar

estratégias bem-sucedidas para a recuperação
da vida em família num mundo
cada vez mais apressado

Tradução
NEWTON ROBERVAL EICHEMBERG

EDITORA CULTRIX
São Paulo

Título original: *Putting Family First.*
Copyright © 2002 Dr. William J. Doherty e Barbara Z. Carlson.
Todos os direitos reservados. Nenhuma parte deste livro pode ser reproduzida ou usada de qualquer forma ou por qualquer meio, eletrônico ou mecânico, inclusive fotocópias, gravações ou sistema de armazenamento em banco de dados, sem permissão por escrito, exceto nos casos de trechos curtos citados em resenhas críticas ou artigos de revistas.

Partes dos capítulos 8 a 11 são adaptações de três livros de William Doherty: *The Intentional Family* (Avon, 1997), *Take Back Your Kids* (Sorin, 2000) e *Take Back Your Marriage* (Guilford, 2001).

A história "Finding Willoughby" [Encontrando Willoughby], de Bugs Peterschmidt, foi reproduzida com permissão da revista *Guideposts*.

Dados Internacionais de Catalogação na Publicação (CIP)
(Câmara Brasileira do Livro, SP, Brasil)

Doherty, William J.
A família em primeiro lugar : estratégias bem-sucedidas para a recuperação da vida em família num mundo cada vez mais apressado / William J. Doherty, Barbara Z. Carlson ; tradução Newton Roberval Eichemberg. — São Paulo : Cultrix, 2004.

Título original : Putting family first
ISBN: 85-316-0859-7

1. Família — Administração do tempo — Estados Unidos 2. Família — Estados Unidos 3. Pais e filhos 4. Papel dos pais 5. Simplicidade I. Carlson, Barbara Z. II. Título.

04-6804   CDD-646.78

Índices para catálogo sistemático:
1. Família : Relações : Vida familiar 646.78
2. Relações familiares : Vida familiar 646.78

O primeiro número à esquerda indica a edição, ou reedição, desta obra. A primeira dezena à direita indica o ano em que esta edição, ou reedição, foi publicada.

Edição   Ano
1-2-3-4-5-6-7-8-9-10-11   04-05-06-07-08-09-10-11-12

Direitos de tradução para a língua portuguesa adquiridos com exclusividade pela
EDITORA PENSAMENTO-CULTRIX LTDA.
Rua Dr. Mário Vicente, 368 — 04270-000 — São Paulo, SP
Fone: 6166-9000 — Fax: 6166-9008
E-mail: pensamento@cultrix.com.br
http://www.pensamento-cultrix.com.br
que se reserva a propriedade literária desta tradução.

Impresso em nossas oficinas gráficas.

Com amor, dedicamos este livro
às pessoas que fizeram de nós uma família:

Leah, Eric, Elizabeth Doherty,
Sam, Adam, Britt, Laura, Joshua Carlson,
Angela e Matthew LaJoy.

Agradecimentos

Agradecemos a todos os que compartilharam conosco as suas histórias e nos inspiraram: Greg Baufield, Leslie Bautista, Carol Bergenstal, Jim Brandl, Michael Brott, Gina Coburn, Wayne Dreyman, David Gaither, Jane Guffy, David Hoadley, John Holst, Pamela e Neil Infanger, Sue Kakuk, Dawn Marthaler, Marcia McCombs, Bugs Peterschmidt, Amanda Richards, Janet Swiecichowski, Carol Vannelli e Griff Wigley.

Em especial, agradecemos à nossa editora, Deborah Brody, da Henry Holt and Company, e ao nosso agente, James Levine.

Sumário

Agradecimentos   6

Introdução   9

1 • É Hora de Agir: Crianças com Excesso de Atividades Programadas, Famílias Insuficientemente Coesas   15

2 • Uma Questão de Tempo: Coloque as Prioridades em Primeiro Lugar   28

3 • Esta Cozinha não é um *Pit Stop*: A Recuperação das Refeições em Família   41

4 • Agora Eu me Deito para Dormir: A Recuperação da Hora de Ir para a Cama   62

5 • Nada de Horários Programados! A Recuperação do Tempo Ocioso   76

6 • Aviões, Trens e Automóveis: A Recuperação dos Passeios e das Férias em Família   93

7 • Domestique a Fera Tecnológica:
A Recuperação da Vida em Família no Lar   106

8 • A Família em Primeiro Lugar
em Famílias com Pai e Mãe   117

9 • A Família em Primeiro Lugar
em Famílias só com o Pai ou a Mãe   129

10 • A Família em Primeiro Lugar
em Famílias com Padrasto ou Madrasta   142

11 • A Recuperação do Tempo para o Casamento   154

12 • Isto Diz Respeito a Cada um de Nós:
Como Mudar a Nossa Família   169

13 • Isto Diz Respeito a Todos Nós:
Como Mudar a Nossa Comunidade   177

Introdução

Terminamos de escrever a parte principal deste livro na manhã de 11 de setembro de 2001, um dia trágico, que marcou com ferro em brasa a consciência de todos os americanos. Duas semanas depois, escrevemos esta introdução numa nação que cambaleava com a perda, com as suas fronteiras violentamente rompidas e com o seu senso de invulnerabilidade despedaçado. Depois que o desastre ocorreu, por um momento nos perguntamos se alguém poderia se importar com o tema deste livro — como recuperar a vida em família, resgatando-a dos horários frenéticos a que as atividades programadas a sujeitam. A resposta veio nestas duas últimas semanas, por intermédio dos nossos concidadãos, cujas ações comprovaram corajosamente a importância da família.

Quando os passageiros dos aviões seqüestrados encontraram telefones, eles ligaram para a mulher, o marido ou para o pai ou a mãe para dizer "eu te amo" e "adeus".

Quando os funcionários que trabalhavam nos escritórios do World Trade Center sentiram o choque das colisões dos aviões e viram a fumaça, eles ligaram para um membro da família para tranqüilizá-lo, afirmando que sairiam do edifício em segurança.

Quando ouvimos as notícias dos ataques, ligamos primeiro para a mulher, o marido, os filhos, pais, irmãs ou irmãos.

Os pais, em todos os lugares, reuniam os seus filhos em volta de si. Naquele dia, alguns pais foram até as escolas em que os seus filhos estudavam para trazê-los de volta para casa. Outros procuraram às pressas entrar em contato com a mídia para que ela os orientasse com idéias sobre como conversar com seus filhos a respeito desses acontecimentos aterrorizantes. Outros se preocuparam com a possibilidade de os seus filhos serem enviados à guerra.

Muitos de nós pensaram, nesses dias, nos membros falecidos de suas famílias. Bill se sentiu aliviado porque o seu pai, que se preocupava profundamente com o país, e que vivera as épocas da Grande Depressão, de Pearl Harbor e da Segunda Guerra Mundial, não estava mais vivo para testemunhar a tragédia. Bill ficou surpreso ao ouvir amigos dizerem que tiveram o mesmo sentimento sobre seus pais falecidos, que eram de uma geração que pagara suas dívidas e que agora fora poupada desta nova, confusa e longa batalha.

Como mãe de dois filhos, Barbara foi imediatamente tomada por pensamentos sobre sua mãe e sua avó e sobre como elas devem ter se sentido ao mandarem um irmão e um filho de 18 anos para a guerra. Como elas, dois anos depois, lidaram com a notícia de que esse garoto nunca mais voltaria para casa?

Sabemos que nem todas as famílias estão ligadas o suficiente para serem úteis numa crise como essa. Um trabalhador de saúde mental em Nova York contou que os sobreviventes mais angustiados que ele encontrou durante o período que se seguiu de imediato aos ataques eram pessoas que haviam cortado relações com membros de suas famílias e não tinham certeza se podiam telefonar a eles pedindo apoio.

A mensagem não poderia ser mais clara: os relacionamentos familiares são o núcleo insubstituível da vida humana plena. Às vezes, é necessária uma tragédia pessoal ou nacional para nos lembrar desta verdade simples — que a vida em família vem em primeiro lugar. É claro que uma rica vida familiar, por si só, não é suficiente, pois também precisamos de laços fortes com a vizinhança, a escola, a comunidade de valores e de crenças, o governo, a nação e uma comunidade internacional cooperativa. Mas nenhum desses elementos, sozinho ou acompanhado de outros, pode substituir a vida em família.

Escrevemos este livro por duas razões: porque estamos alarmados a respeito da maneira como o ritmo frenético da vida moderna americana está erodindo a estreita proximidade entre os membros da família e privando os nossos filhos da infância, e porque sabemos alguma coisa a respeito de como recuperar tempo para a família e fazer bom uso dele. Acreditamos que as famílias de hoje têm uma enorme necessidade de tempo para as brincadeiras e alegrias espontâneas, para conversar sobre os acontecimentos e experiências do dia, para desfrutar sem pressa as refeições, para tranqüilas conversas na hora de ir para a cama, para trabalhar em projetos conjuntos, para ensinar e aprender habilidades simples, como, por exemplo, a cozinha e a jardinagem, para visitar a família extensa e os amigos, para comparecer juntos a cultos religiosos, para participar juntos de projetos comunitários e para explorar a beleza da natureza. Isto é, não há tempo suficiente para uma família ter uma vida rica, interna e externamente.

Há inúmeros fatores que contribuem para a "escassez de tempo" vivenciada por muitas famílias. Esses fatores incluem os compromissos de trabalho dos pais, as expectativas dos patrões de aumentar o número de horas no trabalho e as forças econômicas mais abrangentes. Algumas dessas forças podem ser controladas por algumas famílias isoladamente, e outras não. Neste livro, o nosso foco está voltado para uma coisa que os pais podem controlar: o problema de sobrecarregar as crianças com atividades programadas numa cultura competitiva. Você pode não dizer muitas coisas quando o seu patrão insiste para que você faça horas extras, em detrimento do seu tempo com a família. Mas tem algo a dizer quando se trata de decidir se o seu filho deve começar a aprender um segundo instrumento musical ou se deve se integrar a uma equipe esportiva que viaja para participar de competições. Você pode não ter controle sobre se estará com certeza em casa para jantar às seis horas da tarde, mas a sua família pode decidir lanchar antes e então jantar mais à noite, quando todos vocês estiverem juntos. Quando você está programando o seu verão, pode não conseguir reservar as suas semanas de férias num período que seria da sua preferência, mas pode considerar sagrado o tempo de férias que você tem — e se recusar a cedê-lo aos caprichos dos horários programados para o beisebol das crianças ou para se enriquecer com as lições de francês. Há neste livro relatos fortes sobre o que nós estamos perdendo em nossas famílias e sobre como os nossos filhos estão se tornando pré-adultos fustigados. Às vezes, você poderá se sentir arrependido ou culpado diante do que estiver lendo. Você pode ter cedido os seus jantares em família a um excesso de atividades programadas e ao ato de assistir à televisão. Você pode não ter criado rituais de hora de dormir para os seus filhos porque não precisava brigar para colocá-los na cama. Uma certa parcela de arrependimento e de culpa acompanha a responsabilidade de ser um pai cuidadoso, pois todos nós cometemos erros. Porém, duas idéias neste livro podem ajudar a compensar a culpa e a convertê-la em ação construtiva. Primeiro, os problemas de que estamos falando estão arraigados na cultura mais ampla que nós criamos juntos; eles não são, na sua maior parte, culpa dos pais individuais. Segundo, as soluções, tanto as pessoais como as coletivas, estão ao nosso alcance se procurarmos por elas. Não estamos falando de resolver um problema social dificílimo, como a pobreza no mundo ou o ódio racial. Podemos fazer alguma coisa exatamente agora, na nossa própria vida e com os nossos vizinhos, no que se refere ao problema das crianças com excesso de atividades programadas e famílias insuficientemente coesas. Podemos acolher de volta os nossos filhos e renovar o nosso tempo em família.

Você encontrará nas páginas deste livro as nossas próprias histórias de família. Trazemos para o texto diferentes caminhos de vida e valores comuns. Bill é professor, terapeuta da família e do casamento e ativista comunitário. Ele está casado com Leah desde 1971, e tem dois filhos crescidos, Eric (nascido em 1973) e Elizabeth (nascida em 1975). Bill está ciente de que os criou na época mais simples das décadas de 1970 e 1980, antes da invasão do hiperplanejamento das atividades externas das crianças. O aprendizado de Barbara provém, na sua maior parte, do seu trabalho nas "trincheiras" como mãe, professora primária, diretora de *service learning* do ensino médio, organizadora comunitária e voluntária. Barbara e Sam estão casados desde 1970 e são pais de Angela (nascida em 1973), dos gêmeos Adam e Laura (1977) e de Joshua (1983). Barbara está aprendendo novas e maravilhosas habilidades como sogra de Matthew e de Britt. Além das nossas próprias experiências, este livro provém da iniciativa de um movimento de pais do qual fazemos parte desde 1999, denominado Putting Family First [A Família em Primeiro Lugar], com sede em Wayzata, em Minnesota. Putting Family First é um grupo de cidadãos que estão construindo uma comunidade em que a vida em família é uma prioridade honrada e celebrada — e não uma idéia que ocorre depois, quando há espaço livre no planejamento das atividades. A visibilidade pública da iniciativa Putting Family First e da sua mensagem, que começou com um artigo publicado pelo *The New York Times* em junho de 2000, levou à idéia de um projeto para um livro. Queremos agradecer aos nossos companheiros do Putting Family First como co-inspiradores do que está nestas páginas. Em particular, queremos agradecer aos seguintes membros que leram e fizeram comentários sobre um rascunho inicial: Carol Bergenstal, Gina Coburn, John Holst, Sue Kakuk, Bugs Peterschmidt, Amanda Richards e Carol Vannelli. Várias de suas próprias histórias aparecem neste livro, juntamente com histórias vindas de dúzias de outros pais.

※

Ao lado dos nossos concidadãos, estaremos processando por muitos anos o significado dos eventos de 11 de setembro de 2001. Mas a nossa primeira conclusão é esta: tudo mudou, e nada mudou. Despertamos como de um sono leve para o sóbrio mundo novo do século XXI, onde os riscos e as regras são diferentes. Mas também voltamos a compreender algo que já sabíamos desde o começo, algo que perdemos de vista na nossa cultura consumista de alta velocidade: famílias unidas, imersas em comunidades democráticas vibrantes, sempre foram a fonte da nossa força como povo.

· 1 ·

É Hora de Agir: Crianças com Excesso de Atividades Programadas, Famílias Insuficientemente Coesas

Às três horas da tarde, a escola encerra o seu expediente em Pompton Plains, em New Jersey, e a família Scofield começa a sua rodada de atividades pós-escolares. Annie, de 14 anos, toca numa banda. No outro lado da cidade, seu irmão de 11 anos, Tim, está fazendo suas tarefas escolares no carro, enquanto espera, com a mãe, a saída da escola de Teresa, sua irmãzinha de 6 anos. Depois vão rapidamente para casa, para um lanche, e mais tarefas escolares para Tim.

Às quatro da tarde, Annie está atuando como líder da torcida organizada, enquanto Teresa está fazendo ginástica. Às 4h45, mamãe, Annie e Tim têm um rápido jantar. Quinze minutos depois, papai volta do trabalho e faz o seu jantar com o que restou da comida. Então ele sai com Annie para uma aula de canto. Timmy vai jogar beisebol. Em seguida, Teresa chega em casa depois de sair da ginástica e janta com a mamãe tomando café na mesa. Então ela começa o seu trabalho doméstico.

Às seis da tarde, Teresa tem uma aula de piano. Às 6h25, Annie volta e vai diretamente para a sua aula de piano. Às 6h45, Tim tem aula de religião. Às 7h45, Annie está fazendo a lição de casa. Teresa está pronta para se deitar. O pai, calorosa mas eficientemente, dá boa-noite, aconchegando-a no cobertor. Às 8h30, Tim volta para casa, e as oito atividades combinadas das crianças terminam por mais um dia.

Embora nem todos os dias sejam tão atarefados assim, os Scofields são uma família americana típica tentando fazer o máximo pelas crianças. Quando indagada a respeito do motivo desse estilo de vida, a mãe explicou: "As crianças têm atividades programadas, e nós gostamos de mantê-las ativas e ocupadas". Por que tantas atividades? "Queremos que nossas crianças sejam felizes", ela afirma com confiança. "Queremos que elas tenham um alto nível de instrução. Elas parecem bem ajustadas. E nós achamos que estamos fazendo um trabalho muito bom." Quando lhe foi perguntado se os horários das crianças não estavam abarrotados, ela respondeu, talvez um pouco defensivamente: "Elas gostam dessas coisas. Nós não as estamos forçando a nada".

Famílias frenéticas como essa estão em toda parte à nossa volta. Pais bem-intencionados estão agindo como diretores de atividades recreativas num cruzeiro familiar turbinado. As crianças fazem futebol, hóquei, piano, escotismo masculino e feminino, beisebol, futebol americano, caratê, ginástica, dança, violino, banda, cursos de artesanato, de idiomas estrangeiros, de aprimoramento acadêmico e atividades religiosas para jovens. A vida familiar atual gira em torno das atividades das crianças em vez de essas atividades girarem em torno do planejamento da vida familiar. Antes não era assim. A carroça e o cavalo trocaram de posição nas duas últimas décadas, fato que dificilmente alguém havia notado até recentemente. Hoje, as famílias obedecem a uma programação de horários que antes só se via em campanhas presidenciais.

Muitos pais se lamentam quando pensam a respeito das prioridades mais antigas sobre o tempo com a família, mas se sentem impotentes para escapar do carrossel em que se transformou hoje a vida em família. Ouvimos pais se queixando porque têm de correr o tempo todo, de jantar no carro entre as práticas programadas, e não desfrutar as férias de verão por causa de torneios esportivos e acampamentos com fins específicos. Embora as crianças se acostumem com qualquer vida familiar em que são criadas, estamos começando a ouvi-las pedir para que se diminua a velocidade. Crianças de 6 anos de idade encontram seus primeiros planejadores diários, e então pedem tempo para apenas brincar. Um garoto de 9 anos de idade, em sua lista dos dez principais presentes de aniversário, colocou "mais tempo em casa" em terceiro lugar. Crianças de 12 anos, timidamente, perguntam a seus pais se elas podem deixar de participar da seleção para se integrar ao time de futebol itinerante. Avós se perguntam por que eles não podem entrar nos apinhados salões de dança que seus netos freqüentam. Um avô revelou com tristeza que a única maneira de ele ver o seu neto praticar hóquei é assistir ao jogo em pé.

Quando várias atividades externas competem uma com a outra — como geralmente acontece —, as coisas realmente ficam difíceis para as famílias de hoje. Refletindo a nossa cultura competitiva, muitos de nós querem a excelência para os filhos em todas as áreas. E cada um dos responsáveis pelas atividades — treinador, professor de música, professor da escola, educador religioso — sente que o ensino e a prática da sua própria atividade requerem uma boa quantidade de tempo e de compromisso. Assim, as crianças ficam divididas entre o hóquei e as aulas de religião, entre as lições de casa e aulas de violino, entre a liderança de torcidas organizadas e o musical de outono. Diante dessas demandas em mútua competição, atividades com a família, como, por exemplo, jantares, passeios de fim de semana, férias e visitas a parentes, são as primeiras coisas a ser abandonadas. Acabamos nos transformando em famílias excessivamente programadas e insuficientemente coesas. Embora esmagados, nós, mesmo assim, continuamos achando que não estamos fazendo o suficiente pelos nossos filhos.

O que está acontecendo aqui? Primeiro, alguns fatos. De acordo com um levantamento nacional conduzido pelo Survey Research Center, da Universidade de Michigan, desde o final da década de 1970 as pessoas nos Estados Unidos têm vivenciado uma mudança espantosa no planejamento das atividades das crianças e nas atividades familiares. As crianças perderam doze horas por semana de tempo livre, incluindo uma queda de 25% no tempo para brincar e de 50% em atividades não estruturadas ao ar livre. Durante o mesmo período, o tempo dedicado a esportes estruturados duplicou-se, e o lazer do espectador passivo (que assiste a outras pessoas jogando e atuando, mas sem incluir a televisão) aumentou de trinta minutos por semana para mais de três horas. Em outras palavras, as crianças se entregam às suas próprias atividades lúdicas com freqüência muito menor, empenham-se em esportes supervisionados com freqüência muito maior e passam um tempo muito maior apenas observando o jogo passivamente.

Isso não se deve só ao fato de que as crianças estão mais ocupadas; as famílias passam menos tempo juntas. De acordo com o mesmo levantamento, as conversas em família entre pais e filhos — que duram apenas o tempo suficiente para uma conversa rápida — quase desapareceram, e houve um declínio de 28% no número de famílias que tiram férias. Outros levantamentos nacionais constataram uma redução de um terço no número de famílias que afirmam jantar regularmente com todos os membros presentes.

Essa mudança na vida familiar americana é profunda e ampla, abrangendo uma larga fatia de grupos de renda e de grupos étnicos da população. (Os muito pobres não têm recursos para se sobrecarregar de atividades programadas, mas enfrentam desafios semelhantes, pois precisam encontrar tempo para se interligar como uma família.) E essa mudança tem nos atingido com uma velocidade espantosa. Mas, ela não é bem-vinda? É um problema, ou é apenas um aspecto inevitável da vida moderna? Nós acreditamos que é um problema sério. Se você escuta os pais, como nós fazemos, sabe que muitos se sentem sobrecarregados por horários abarrotados e sentem uma grave perda das conexões na família. Se você escuta os professores, como nós fazemos, sabe que eles vêem uma geração de estudantes fatigados por causa de uma programação de atividades com a qual até mesmo muitos adultos não seriam capazes de lidar. Uma mulher de uma comunidade perto de Albany, em Nova York, professora do ensino médio durante trinta anos, usou uma linguagem forte: "Esta é uma geração maltratada", ela disse num encontro público. E prosseguiu explicando que, depois de lecionar durante trinta anos para a mesma faixa etária, ela nunca vira crianças tão cansadas e fatigadas por terem de acordar tão cedo de manhã, de ir para a cama tão tarde da noite e de ser esmagadas entre o acordar e o deitar por atividades extremamente competitivas. E o lugar em que essa professora leciona é uma privilegiada comunidade de classe média alta.

A National Association of Elementary School Principals [Associação Nacional de Diretores de Escolas do Ensino Fundamental] está agora examinando o problema das crianças sobrecarregadas de atividades programadas. Ela fez uma recomendação de uma única atividade por vez para crianças e jovens, apenas uma ou duas vezes por semana. Se você quiser que o seu filho tenha mais de uma atividade, a associação recomenda atividades diferentes a cada temporada, o que é melhor do que mais de uma atividade numa única temporada. Parece que essas recomendações estão extremamente distantes das atuais atividades programadas de muitas crianças e famílias.

Os efeitos da vida familiar excessivamente atarefada sobre o desenvolvimento da criança estão apenas começando a ser estudados pelos pesquisadores acadêmicos. Porém, há estudos que têm mostrado a importância dos jantares regulares com a família, uma das principais perdas da hiperprogramação. Um grande estudo nacional sobre adolescentes americanos constatou que há uma forte relação entre as refeições regulares em família e uma ampla gama de resultados positivos: sucesso acadêmico, ajuste psicológico e taxas inferiores de uso de álcool e drogas, de comportamento sexual precoce e de riscos de suicídio. No "lado B" desse problema, constatou-se que o fato de não se desfrutarem com regularidade refeições em família estava associado a riscos mais altos em todas essas áreas.

Esse estudo definiu uma refeição familiar como aquela em que o adolescente faz a refeição com, pelo menos, um dos pais. Com base nesse declínio documentado que ocorreu nos jantares em família, não é de surpreender-se que um plebiscito nacional de adolescentes, financiado pela Casa Branca e realizado na primavera de 2000, tenha constatado que mais de um quinto dos adolescentes americanos avaliou que "não passar tempo suficiente com os pais" era a sua preocupação principal, uma porcentagem que empatou em primeiro lugar com a instrução, em suas listas de preocupações. Também sabemos que as crianças que jantam regularmente com a família são mais bem nutridas. Um estudo constatou que essas crianças têm padrões dietéticos mais saudáveis em várias áreas: mais frutas e hortaliças, menos gordura saturada, menos frituras e refrigerantes e mais alimentos ricos em vitaminas e outros micronutrientes. Como no caso do outro estudo citado acima, essas constatações se mantêm nos diversos níveis de renda familiar.

Alguma coisa está fora da ordem adequada na vida familiar americana, mas isso não se deve ao fato de os pais estarem matriculando os filhos em atividades ruins. Nós sabemos, com base no senso comum e num grande número de pesquisas, que o envolvimento extracurricular é bom para as crianças. Esportes, música, outras artes e envolvimento religioso — tudo isso contribui para enriquecer a vida de uma criança. Trata-se de uma questão de equilíbrio. E o equilíbrio requer o estabelecimento de prioridades. Em nossa visão, há um sério desequilíbrio e um confuso conjunto de prioridades na educação desta geração de crianças.

Como Chegamos Aqui?

É mais fácil documentar o problema das crianças sobrecarregadas de atividades programadas e das famílias insuficientemente coesas do que explicar como chegamos a isso. Há muitas explicações, muitos fatores que contribuem para o problema, e não uma única causa definitiva. Temos pedido a centenas de pais, em eventos comunitários, que tentem explicar a mudança social que descrevemos. Eis o que eles dizem, seguido pela nossa própria síntese das razões pelas quais estamos enfrentando um problema de crianças sobrecarregadas de atividades programadas e de famílias insuficientemente coesas.

• *Mais oportunidades para as crianças, especialmente para as meninas.* Há mais atividades para escolher atualmente do que havia vinte anos atrás. Uma mãe de Northfield, em Minnesota, disse que contou catorze atividades comunitárias para crianças de 3 anos de idade. Outra mãe enfatizou que queria que as suas filhas aproveitassem as oportunidades de acesso a esportes que não estavam disponíveis para ela quando jovem.

• *Mais atividades esportivas intensivas.* Os esportes costumavam ser sazonais; agora muitos deles são praticados durante o ano todo. Os times itinerantes não eram conhecidos 25 anos atrás, com exceção das representações esportivas das universidades. Como nos disse um treinador veterano, nós perdemos a distinção entre esportes competitivos e esportes recreativos. E essa indistinção tem se espalhado para outras atividades, como os programas de dança e de ginástica, que também fazem viagens competitivas. Práticas de todos os tipos de atividades agora ocorrem três ou mais vezes por semana, com competições semanais. E isso acontece até mesmo para crianças de apenas 7 anos de idade!

• *Competição por instalações esportivas e por salões de atuação.* Isso significa invasão do tempo da família. Por exemplo, considere o hóquei. O número limitado de instalações com piso de gelo combinado com a alta procura por esse esporte resulta no fato de que algumas crianças praticam hóquei às seis da manhã ou às dez da noite. A falta de horários livres nos campos de futebol significa que muitos times irão jogar nas manhãs de domingo. Música e programas acadêmicos requerem numerosas práticas, assim como ensaios. E o jantar cede a sua vez para a natação, a música, o basquete e todo o resto.

• *Mais pais trabalhando.* Depois da escola, os pais precisam preencher o tempo das crianças com atividades estruturadas. É claro, isso não explica as horas de programação excessiva, que se estendem pela noite e pelos fins de semana. Nem explica por que as famílias com um pai que fica em casa são, com freqüência, tão frenéticas quanto as famílias em que ambos os pais trabalham ou só com o pai ou a mãe, que também trabalha fora de casa.

• *Culpa dos pais.* Pais que se sentem demasiadamente ocupados com o trabalho ou com outras atividades não querem privar os filhos de nenhuma oportunidade que valha a pena. Uma mãe que tinha um emprego de tempo integral nos disse que tinha decidido que os seus filhos não iriam perder nenhuma oportunidade por causa da sua carreira. Ela então admitiu que os membros da sua família raramente têm jantado juntos e que a programação das atividades dos seus filhos é enlouquecedora.

• *Reação exagerada à mensagem segundo a qual as crianças se saem melhor se estiverem ocupadas e envolvidas com a comunidade.* Aos pais foram dirigidas palavras dizendo que atividades externas estruturadas fazem com que as crianças se envolvam com outros adultos e expandam os seus horizontes, deixando de ficar em casa assistindo à televisão. O que essas mensagens não enfatizam é quando se deve dizer "chega". E se perdeu totalmente a mensagem de que até mesmo as boas atividades externas têm um preço para a vida em família.

• *Sensação de perigo na vizinhança.* Muitos pais se lembram de que lhes era permitido brincar livremente na vizinhança quando crianças, mas mantêm os próprios filhos em casa ou em atividades estruturadas porque a vizinhança não oferece segurança. Esse medo é sem dúvida bem fundamentado em algumas vizinhanças, mas com freqüência se estende a áreas onde os crimes violentos são raros ou inexistentes.

• *O medo de que o seu filho deixará de ser notado ou será deixado para trás.* Esse medo alimenta o envolvimento prematuro e intenso em várias atividades, com os pais se preocupando com o fato de que retardar o início da prática de um esporte ou instrumento musical pode condenar os filhos a não serem mais capazes de jogar competitivamente no futuro.

• *Aumento da ênfase no que as crianças muito jovens são capazes de fazer.* Os anos pré-escolares recebem atualmente muito mais ênfase do que outrora recebiam no que se refere ao desenvolvimento das crianças, e os pais sentem uma expectativa cultural que os incita a envolver os filhos em idade pré-escolar em atividades enriquecedoras. Uma mãe de uma criança de 4 anos de idade contou que está recebendo, de amigos e parentes, a mensagem de que a sua filha (que amigos e parentes vêem como atlética) já está atrasada na ginástica porque não começou aos 3 anos.

• *Pressão sobre as crianças de hoje para que sejam "bem-sucedidas".* Desde a necessidade de conhecer o alfabeto e as cores antes de ir para a escola e de se preocupar com uma dissertação de nível acadêmico na sexta série, até a necessidade de competir em alto nível no atletismo, esta é uma geração de crianças e de pais que estão preocupados com os sinais visíveis do sucesso.

• *As expectativas das faculdades de elite com alunos aplicados que tenham um alto nível de instrução.* Durante as décadas de 1980 e 1990, essas faculdades começaram a enfatizar a amplitude da formação não acadêmica dos alunos. Os alunos do ensino médio responderam a isso com uma explosão de atividades destinadas a encorpar e fortalecer os seus currículos. Um único esporte não era o suficiente, ou um único instrumento musical, ou apenas uma posição de liderança na escola. O serviço comunitário tornou-se uma obrigação, bem como a edição do livro do ano. É interessante notar que, no outono de 2000, o setor de admissões de Harvard publicou um relatório que, de fato, dizia: "Basta! Nós criamos um monstro". O relatório descrevia alunos que chegavam e que, decididamente, não tinham um alto nível de instrução, e já estavam esgotados quando entravam na faculdade.

• *A pressão dos outros pais.* Todas as forças que mencionamos tendem a influenciar os pais de maneira mais vigorosa por meio de outros pais que têm filhos na mesma faixa de idade. Os pais observam esses outros pais e escutam o que eles dizem. Vejam como as *holiday letters* descrevem entusiasticamente a superabundância de atividades em que as crianças estão envolvidas. Quantas dessas cartas dizem que a família está mais equilibrada neste ano, com seus membros passando mais tempo juntos? E olhem para a pressão dos pais que, nas linhas laterais, acompanham o desempenho dos seus filhos nos eventos esportivos. Um pai nos contou como um outro pai, tranquilamente, se gabou de que o seu filho fazia parte do time de futebol itinerante e que também estava planejando sair em viagem com o time de beisebol. Então, este pai pergunta ao primeiro: "O seu filho também vai viajar com o time?" Felizmente, o primeiro pai pôde responder que sim, mas teve de responder não para a pergunta seguinte, que indagava se o garoto iria viajar com o time de beisebol. O outro pai sorriu e perguntou: "Ele não é bom em beisebol?" Mais tarde, quando o filho decidiu abandonar o futebol itinerante, trocando-o por um compromisso menos intensivo, seus pais temeram que ele tivesse carência de capacidade competitiva para ser bem-sucedido na vida.

Todos esses fatores, e mais outros, contribuem para o problema. Mas qual é o quadro todo? Nós acreditamos que o mundo adulto da hipercompetição e dos valores de mercado invadiu a família. Os pais, é claro, amam os filhos e tentam fazer o melhor para eles. Mas estamos criando os nossos filhos numa cultura que define um bom pai como um fornecedor de oportunidades num mundo competitivo. A criação dos filhos fica semelhante a um desenvolvimento de produtos, com os pais inseguros nunca sabendo quando fizeram o suficiente e quando os seus filhos estão ficando para trás. Manter os filhos ocupados pelo menos significa que eles estão no jogo.

Uma mãe nos contou recentemente que na sua comunidade de classe média alta as pessoas não se vangloriam mais do tamanho de suas casas ou do modelo do seu carro — elas se vangloriam do quanto a sua família está ocupada com atividades. Quando um pai, numa reclamação fingida, diz: "Nós estamos tão atarefados no momento", outro pai passa à sua frente com uma história ainda mais exagerada. E numa cultura orientada pelo mercado e movida pelo dinheiro, podemos apontar mais facilmente as coisas pelas quais pagamos — equipamentos, taxas de registro, despesas com viagens, salários dos treinadores — do que as atividades familiares menos intensivas, como fazer um programa que reúna toda a família numa tarde de domingo num jogo de tabuleiro numa noite de sexta-feira. Acontece o mesmo com a hora de recreio das crianças: não concedemos facilmente a nós mesmos "pontos de pai" por fornecer aos nossos filhos tempo para devanear e inventar jogos para brincar com as crianças da vizinhança. A criação dos filhos tornou-se um esporte competitivo, com os troféus indo para a família que estiver mais cheia de tarefas.

A Administração do Seu Programa de Atividades para Colocar a Vida em Família em Primeiro Lugar

Agora que apresentamos o problema e explicamos por que acreditamos que ele nos apanhou de surpresa como sociedade, o restante do livro focalizará o que você pode fazer em sua própria família e em sua própria comunidade para encontrar equilíbrio na vida. Eis o que você pode esperar deste livro.

Vamos começar convidando-o a perguntar a si mesmo: "O que você valoriza na vida familiar?", e em seguida a examinar cuidadosamente, talvez até dolorosamente, como você está usando o seu tempo. Com base em exemplos fornecidos por famílias da nossa comunidade, mostraremos a você como avaliar o seu atual estilo de vida em família. Quando você, com muita freqüência, tem dito "sim" para novas atividades e oportunidades, dizer "não" pode ser um desafio fora do comum. Nós o encorajaremos a realizar as mudanças que você pretende fazer. Não ofereceremos prescrições para a sua família, mas apenas muitas doses de encorajamento e uma abundância de estratégias, baseadas em experiências de famílias reais, para que você encaminhe o navio da sua família na direção que você escolheu.

A primeira grande prioridade que nós focalizaremos são as refeições em família, que podem ser a primeira cabeça-de-praia para a retomada da vida familiar. Em seguida, passaremos aos rituais da hora de dormir, o tempo para desfrutar com toda a família um tempo livre de atividades externas, passeios com a família e férias, e como administrar a televisão e a internet para preservar o tempo da família. Depois disso, discutiremos como tornar a vida em família uma prioridade em diferentes tipos de família que enfrentam desafios específicos: famílias com os dois pais, famílias com apenas um dos pais e famílias com padrasto ou madrasta, com um capítulo adicional sobre como preservar o tempo para o casamento enquanto criamos os nossos filhos. Ao longo do caminho, nós lhe contaremos as histórias que reunimos sobre famílias que nos descreveram como conseguiram encontrar o equilíbrio num mundo frenético.

Os problemas que estamos abordando são problemas comunitários e culturais, e também são problemas de cada família isoladamente. Portanto, as soluções precisam ser particulares e também comunitárias. Na última parte do livro, falaremos sobre como assumir o controle da sua própria família e nela fazer mudanças. E falaremos a respeito de soluções comunitárias, como o movimento Putting Family First, uma iniciativa democrática liderada por pais e que se propõe mudar a maneira como os pais e as comunidades priorizam a vida familiar.

A Maré Está a Favor da Família

Embora a família Scofield, de Pompton Plains, em New Jersey, possa ser típica dos dias de hoje, acreditamos que a próxima onda cultural já está nos chamando de volta para que coloquemos a família em primeiro lugar na nossa vida. Eis aqui um dia na vida da família Peterschmidt, de Plymouth, em Minnesota, que tem participado ativamente conosco da criação do movimento Putting Family First.

Os Peterschmidt tinham o costume de se manter tão ocupados quanto os Scofield, a família cujo dia-a-dia relatamos no começo deste capítulo. Mas, recentemente, os Peterschmidt eliminaram as atividades após a escola. Às três horas da tarde, terminam as aulas escolares de Max, de 12 anos de idade, e ele tem uma atividade programada, uma aula de violino. Betsy, de 9 anos, vai para a casa de uma amiga, onde fica durante o restante da tarde. Por volta de 5h15, ambas as crianças estão em casa e têm tempo para brincar juntas antes do jantar. Às seis da tarde, o pai chega em casa; ele saiu no início da manhã para ter a certeza de que estaria em casa para o jantar. A mãe também trabalha, mas consegue estar em casa quando as crianças chegam da escola.

Às 6h15, os membros da família jantam reunidos, sempre à luz de velas. Em seguida, fazem trabalhos domésticos e também atividades individuais, assistem um pouco à televisão, decidindo antecipadamente que programas serão vistos, e conversam um pouco antes de dormir.

O pai explicou: "Queremos que eles sejam ativos, mas a atividade era excessiva, e achamos que isso era um problema". A mãe acrescenta: "Ninguém mais tem uma grande lista de coisas para fazer durante todo o dia. Nós temos mais flexibilidade". E prossegue: "Eu acho que está sendo difícil ser criança hoje. É um trabalho exaustivo brincar e aprender. Eu não acho que alguém possa ser eficiente em qualquer tipo de habilidade se estiver cansado. E o simples fato de eles agora estarem descansados faz uma enorme diferença. Este está sendo, de longe, o ano escolar mais fácil até agora, porque nós não estamos cansados. Não pegamos tudo o que vem de fora; estabelecemos prioridades".

Eis o assunto deste livro: prioridades, como estabelecê-las e viver por meio delas numa cultura hiperatarefada e competitiva que está desagregando as nossas famílias mais depressa do que o amor e a boa vontade, por si sós, são capazes de mantê-las unidas.

· 2 ·

Uma Questão de Tempo: Coloque as Prioridades em Primeiro Lugar

Onde quer que estejamos no país, ouviremos o mesmo refrão vindo dos pais: o planejamento das atividades da minha família está fora de controle, e eu não sei o que fazer a respeito. Adultos competentes, que conseguem lidar com outras áreas importantes da vida — encontrar o emprego certo, a escola certa para os filhos, as lojas certas para fazer compras —, sentem-se desesperançados quando pensam sobre como se livrar do rolo compressor que criaram para si mesmos e para os seus filhos.

Considere a família Friedrickson. Marilee, a mãe, sabe que sua família está em desequilíbrio. Não vamos aborrecê-lo com as especificidades — a situação padrão dos múltiplos esportes, dos instrumentos musicais, das aulas de dança e de religião — que se somam aos atarefados planejamentos de atividades dos adultos. A gota d'água para Marilee veio neste outono, quando sua filha de 8 anos, Jessica, matriculou-se em dois esportes ao mesmo tempo. Por que Marilee e seu marido permitiram isso? Permitiram porque Jessica realmente queria tentar o futebol, além da ginástica, e eles queriam recompensar a iniciativa da menina. Quando as próprias crianças querem se esforçar por si mesmas, os pais dos dias de hoje temem sufocar essa iniciativa, apesar dos custos.

Desse modo, Jessica está agora atarefada em excesso, e a família está no carrossel. Por que não eliminar apenas uma das atividades? Marilee diz que tem medo de fazer isso — medo de que Jessica seja superada pelas colegas, de que ela deixe de se desenvolver numa área importante. Marilee perguntou: "E se o talento da minha filha estiver numa atividade que nós recusamos a ela? Talvez a próxima coisa que ela queira fazer seja aquela em que irá sobressair. E se os pais de Michael Jordan não o tivessem deixado jogar basquete?"

Marilee sabia que pareceu um tanto tola quando comparou sua filha com Michael Jordan. Mas ela estava expressando honestamente sentimentos e medos que muitos outros pais guardam para si. O que a motivou não foi tanto a ambição de ver a filha se tornar uma *superstar*, mas a ansiedade que a levava a se perguntar se havia feito o suficiente pela filha. A ironia é que essa mãe não estava ansiosa o bastante quanto aos riscos reais que Jessica enfrentava: perder uma infância equilibrada e uma rica e profunda vida familiar.

Nós jamais conversamos com um pai que não acreditasse que laços familiares sólidos são o fator mais importante na vida de uma criança. Pesquisas de opinião nacionais realizadas ao longo de muitas décadas registram a mesma crença: adultos americanos dizem atribuir o valor mais elevado à vida familiar — acima do dinheiro, da saúde, da religião e de todas as outras coisas. Até mesmo estudos realizados com pessoas idosas que começaram como crianças bem-dotadas mostram que esses indivíduos avaliam o sucesso na vida familiar como mais importante do que qualquer outra realização. Nós também sabemos, com base num grande corpo de pesquisas acadêmicas, que ligações familiares estreitas, nas quais muito calor humano se combina com limites efetivos, constituem a pedra angular para o desenvolvimento bem-sucedido da criança. Nada que desgaste o tempo vitalmente necessário para sustentar essas ligações pode ser bom para as crianças ou para as famílias. Na criação das crianças, a vida familiar vem primeiramente, e ponto final.

Marilee e seu marido acreditam em tudo isso. Como dissemos, quase ninguém discorda. O problema não é aquilo em que acreditamos sobre a vida familiar; é como estabelecemos as prioridades, e como fazemos escolhas num mundo que nos empurra em muitas direções. E nenhuma escolha é mais crucial para a vida familiar atualmente do que a maneira como passamos o nosso tempo.

Nós Somos da Maneira como Passamos o Nosso Tempo

Uma professora nos contou recentemente sobre um encontro surpreendente com um garoto da sua classe, de 9 anos de idade. A professora estava dizendo ao garoto que ele tinha de limpar sua mesa na biblioteca depois de usá-la. Ele retrucou: "Eu não tenho tempo para isso!" Nós suspeitamos de que esse tipo de resposta é novo nos anais da infância. Outro professor contou sobre uma menina de 6 anos de idade que certo dia começou a chorar quando esperava pela mãe, que ia pegá-la depois da escola. Anos atrás, teríamos suposto que houvesse um problema em casa; talvez os seus pais estivessem se separando, ou talvez ela estivesse sendo maltratada. Na verdade, ela estava extremamente apreensiva com a perspectiva de ter de passar as próximas cinco horas numa corrida de automóveis depois de uma série frenética de atividades. Ela só queria ir para casa.

Os publicitários reconhecem uma tendência quando a vêem. Num comercial de televisão, vemos um pai decidindo visitar o quarto do seu jovem filho. Ao abrir a porta, ele é confrontado por uma mulher ríspida, de cabelos grisalhos, sentada numa escrivaninha de escritório logo à entrada da porta. "Em que posso ajudá-lo?", pergunta ela bruscamente. "Bobby está aqui?", indaga o desnorteado pai. "E você, quem é?", ela replica. "Eu sou o pai dele!", ele responde. E ela pergunta: "Você tem hora marcada?"

Outro comercial mostra uma mãe febril andando de um lado para o outro enquanto programava numerosas reuniões ao telefone celular. Com olhos suplicantes, sua jovem filha se aproxima e pergunta: "Mamãe, quando *nós* poderemos fazer uma reunião?"

Como indicam as vinhetas mais recentes, uma das razões pelas quais tantas famílias vivenciam a completa escassez de tempo é que os pais estão trabalhando mais horas fora de casa. Nós vivemos numa era de famílias em que os dois pais trabalham ou de famílias só com a mãe ou o pai, que trabalha. Uma conseqüência disso é que há menos tempo para as crianças, especialmente no período do final da tarde, e mais atividades durante a noite e nos fins de semana, quando os pais empregados precisam realizar as suas incumbências e pequenas tarefas domésticas. Estudos mostram que desde 1960 as crianças têm de dez a doze horas por semana de tempo com os seus pais. É claro que o ingresso das mães na força de trabalho tem gerado muitos benefícios para as famílias, e muitos pais fazem bom uso de menos tempo. Nós não estamos propondo que o relógio volte até a família dos anos 50. Porém, mais horas de trabalho dos pais significam que as famílias atuais precisam ser melhores ao estabelecer prioridades do que as famílias do passado. Se sobrecarregamos de tarefas os nossos filhos, além do nosso próprio trabalho e das nossas programações pessoais de atividades, arrumamos uma grande confusão.

Às vezes, os pais fazem questão de salientar que passam bastante tempo com os filhos, levando-os de carro até as atividades deles e indo buscá-los na saída. E, mais ainda, estar na arquibancada durante os jogos é uma maneira de eles se ligarem com os filhos. Viajar em fins de semana com times itinerantes, assistir a aulas de Suzuki juntos, ensinar religião para a classe do filho — todas essas são maneiras de se ligar com ele. De fato, alguns pais argumentam que passam mais tempo com os filhos fazendo esses tipos de atividades do que os seus próprios pais passavam com eles quando eles eram crianças.

Um grupo de mães numa comunidade na região central da Pensilvânia tem uma norma não expressa em palavras segundo a qual elas não levarão as filhas a jogos de futebol revezando os carros a cada jogo, mesmo quando entre os jogos haja um intervalo de noventa minutos, pois é importante dedicar esse tempo a uma conversa franca e honesta com os filhos. Uma mãe que estava há pouco tempo na comunidade descobriu essa norma quando chegou ao local do encontro antes do primeiro jogo da sua filha e perguntou sobre fazer rodízios para levar de carro as garotas de volta para casa. Ela recebeu em resposta olhares fixos e severos e a afirmação de que cada mãe levava os próprios filhos a todos os jogos.

Muitos desses pais contemporâneos reconheceriam que não compartilhavam muitos jantares em família, passeios em família, conversas na cama na hora de dormir, tempo não estruturado que se passa em família e visitas a parentes. Mas eles sentiam que eram melhores líderes de torcida organizada e turmas de apoio para os próprios filhos do que os pais deles tinham sido, e que podiam passar mais tempo, um tipo diferente de tempo, com os próprios filhos. Quando dirigimos a palavra a esses pais, rapidamente confirmamos o compromisso deles com o bem-estar dos filhos. E concordamos com o fato de que o tempo para trazer e levar os filhos de carro e o tempo para liderar uma torcida organizada podem ser valiosos. Algumas conversas importantes e espontâneas ocorrem no carro como em nenhum outro lugar. É excelente estar lá para comentar o sucesso e as falhas das crianças nas suas atividades. Mas achamos que esses pais estão enfatizando um tipo de tempo e colocando-o acima de outros tipos de tempo que são, talvez, mais importantes.

Nós gostamos de pensar que há três diferentes maneiras de estar com os filhos. Veja se esta análise faz sentido para você na sua própria vida.

Tempo da Família: "Estar por Perto"

A primeira das maneiras de passar o tempo com as crianças é "estar por perto". Você está por perto quando há proximidade física entre você e os seus filhos, quando você está acessível a eles, embora não esteja necessariamente em comunicação direta com eles. Você pode estar cozinhando, fazendo limpeza, lendo o jornal, assistindo à televisão, transportando as crianças no automóvel ou observando-as fazer ginástica ou tocar violino. É esse o bloco básico de construção da vida familiar; nada substitui o tempo suficiente para apenas estar perto das crianças. Bebês e crianças precisam de grandes doses desse cuidado; um bebê engatinha de um cômodo a outro para encontrar a mãe ou o pai. Crianças mais velhas e adolescentes precisam menos, mas ainda dependem da nossa presença e da nossa facilidade de acesso. Um amplo estudo nacional sobre adolescentes mostrou que eles querem se manter ligados aos pais em quatro períodos a cada dia: quando se levantam de manhã, quando voltam da escola, durante o jantar e quando vão para a cama. Sendo adolescentes, eles podem nem sempre querer conversar, mas querem que os pais estejam disponíveis se *eles* decidirem conversar.

Com exceção do tempo gasto enquanto estão trabalhando, os pais de hoje podem dispor de tanto tempo para estar por perto quanto as gerações anteriores. Não é que os pais sejam indulgentes em *hobbies* pessoais em vez de estar com os filhos. Acontece que nós gastamos esse tempo em atividades mais apressadas do que no passado. (Pergunte a si mesmo quão freqüentemente você pede aos seus filhos para se apressarem.) Nós os levamos de carro em meio ao trânsito na hora do *rush* até a aula de piano, com o rádio do carro dando notícias sobre o tráfego. Com freqüência menor, sentamo-nos juntos na varanda, ou jogamos bola no quintal, ou jogamos uma vagarosa partida de Banco Imobiliário. Estar por perto, e não estar apressado, é a primeira chave para dispor de tempo suficiente com a família. Mais adiante, dedicaremos um capítulo a esta primeira chave: desfrutar com a família um tempo sem atividades programadas.

Tempo da Família: Conversa Logística

Como dissemos, estar por perto não implica necessariamente conversar. Quando conversamos com os nossos filhos, a maior categoria de comunicação é o que chamamos de "conversa logística" ou "conversa cumpra-seus-deveres". Pense sobre o volume de coisas que você diz para os seus filhos a cada dia. A maior parte desse volume não consiste em dar a eles informações e diretrizes, fazer a eles perguntas triviais e responder sim ou não às suas perguntas? Eis como uma conversa num dia comum transcorre do nosso lado enquanto pais:

- "É hora de se levantar e ir pra escola... Ponha a roupa agora... Seu café da manhã está pronto... O ônibus vai chegar daqui a pouco... Não se esqueça da sua mochila."
- "Não, você não pode vestir essa roupa leve com esse frio... Hoje eu não tenho tempo para fazer torradas francesas... Não se es-

queça do seu bilhete de autorização para a excursão; está na sua mochila? Apresse-se, o ônibus está chegando!"
- "Depois de você chegar em casa, coma este lanche antes de ir para a aula de piano... Peça desculpas à sra. Garfield por não ir treinar nesta semana... Vou apanhar você lá para o futebol... Vamos depressa, entre no carro."
- "O que você quer para o jantar? Não, nós não temos *burritos* congelados... Terá de ser hambúrguer... Por favor, lembre-se de mastigar com a boca fechada... Pare de fazer gracinhas com a sua irmã... Não, nós não temos sorvete... Hora de fazer a lição de casa; você precisa de alguma ajuda? Quando você precisa entregar o seu projeto de ciências? Você pediu ajuda a seu pai para terminar o projeto? Vamos andando, é hora de ir para a cama."
- "Não, você não pode vestir esse *top* com esse *jeans* porque deixa a barriga à mostra e está frio lá fora!"
- "É hora de desligar a televisão e ir diretamente para a cama... Eu disse: vá diretamente para a cama. Você ficará cansado de manhã se não for dormir agora... Tudo bem, eu vou ler para você uma história curta."

São as conversas logísticas que fazem uma família funcionar em suas rotinas cotidianas. Elas podem ser feitas de maneira agradável ou não, mas, de qualquer maneira, devem ser feitas. Elas dão andamento aos assuntos da família. É a mesma coisa com o casamento: programação diária das atividades e conversas do tipo onde-está-a-conta-de-gás dominam os intercâmbios conjugais. No entanto, por mais necessárias que sejam as conversas logísticas, elas sozinhas não trazem muita profundidade de sentimento à vida familiar. Não é para isso que nós temos filhos.

Tempo da Família: Conversa de Ligação

O que fica espremido por programações de atividades e por logísticas apressadas são oportunidades para o que chamamos de "conversa de ligação". É o que acontece quando estamos concentrados em nossos filhos e nas conversas, e não em alguma outra coisa. Quando os filhos de Bill eram jovens, seu tempo de ligação favorito era o que transcorria durante os rituais da hora de ir para a cama, quando ele e seus filhos falavam, cantavam, liam, brincavam de se esconder sob as cobertas e se abraçavam. Quando eles ficaram mais velhos e puderam participar com mais peso das conversas familiares, a hora do jantar tornou-se outra oportunidade importante para a ligação familiar. Ele e sua mulher tentavam evitar a conversa logística no jantar, e em vez dela conversavam sobre o que acontecera durante o dia.

O tempo de ligação é um tempo pessoal. Diz respeito a você e ao seu filho, ao que se passa na sua mente ou na mente dele. Diz respeito ao que o seu filho está sentindo ou ao que vivenciou. Diz respeito a histórias do dia, a pensamentos, valores, introvisões, medos e esperanças. Um tipo simples mas poderoso de conversa de ligação ocorre durante um lanche após a escola, quando um dos pais olha na mochila de um filho de 7 anos de idade e eles conversam a respeito do trabalho artístico da criança ou da excitante excursão ao campo que ela fará no dia seguinte. Não há um propósito logístico na conversação, embora certas notícias sejam compartilhadas. Nenhuma diretriz é dada. É hora de se religar após um dia escolar.

A conversa de ligação acontece de maneira mais confiável quando você reserva um tempo especial para ela a cada dia na programação da sua família, tempo que pode ser a hora de se levantar de manhã, depois da escola, durante o jantar, na hora de dormir ou num passeio de fim de semana. Ela exige que não se esteja sujeito às pressões do tempo, pelo menos durante algum tempo, de modo que as pessoas possam se acomodar juntas. Mas a conversa de ligação também pode ocorrer espontaneamente durante o tempo em que os participantes da conversa estão por perto. Barbara lembra a ocasião em que a sua filha entrou em disparada pela porta da frente depois da escola. Ela não estava disposta a conversar, mas notou que sua mãe estava presente. Depois de entrar em seu quarto batendo os pés no chão, ela voltou em três minutos, pronta para extravasar o que estava sentindo sobre sua melhor amiga, que tinha acabado de trocá-la por uma nova garota na sala de aula. Como Barbara estava por perto, "de prontidão", se você preferir, e pronta para a ligação, sua filha aproveitou a oportunidade para uma conversa importante.

Bill lembra-se de quando o seu filho Eric, ainda adolescente nessa época, de tempos em tempos entrava no seu escritório ao anoitecer e dizia: "Como está o meu pai?" Bill afastava a sua cadeira do computador, punha os pés sobre a mesa e respondia: "Bem. E como está o meu filho?" Este era o sinal de Eric significando que ele queria conversar. Com adolescentes, em particular, você precisa dispor de tempo suficiente para permitir que essas conversas de ligação espontâneas aconteçam.

O abismo entre os nossos valores a respeito da vida em família e a nossa experiência do dia-a-dia é mais evidente em nossa falta de conversas de ligação. Muitos de nós estamos passando cada momento disponível, exceto quando estamos trabalhando ou dormindo, fazendo coisas para e com as nossas crianças. Mas uma parcela muito grande desse tempo é um apressado tempo de estar por perto e de travar rápidas conversas logísticas. O que muitos de nós precisamos, para alinhar melhor as nossas prioridades com os nossos valores centrais, é de mais tempo sem pressa com as nossas crianças e mais ligação pessoal. Satisfazer essa necessidade requer um olhar firme sobre a maneira como estamos passando o nosso tempo agora.

Olhando Firme para as Suas Prioridades

A velha canção dos Beatles *All You Need Is Love* [Tudo de que Você Precisa é Amor] não poderia estar mais errada quando se trata da educação dos filhos pelos pais. Amor pelos nossos filhos é o ponto de partida, mas o restante depende muito da maneira como estabelecemos as prioridades relativas ao tempo que passamos com eles. Nós o encorajamos a perguntar a si mesmo se você dispõe de tempo suficiente para estar perto dos seus filhos (especialmente tempo sem pressa) e se você dispõe de tempo de ligação suficiente para passar com eles. O tempo logístico tende a cuidar de si mesmo. Faça o teste que apresentamos a seguir para determinar se a sua família está com excesso de atividades ou não.

Ao pensar sobre quanto tempo é o bastante, tenha em mente que esse tempo será diferente para diferentes famílias. Um bom começo consiste em perguntar a si mesmo sobre os seus valores centrais relativos à vida em família. Até que ponto você espera que a sua família seja unida? O que você pensa sobre o equilíbrio entre o tempo da família e o tempo individual, entre a solidariedade familiar e a oportunidade individual? Você enxerga a sua família mais como uma plataforma de lançamento ou mais como um ninho? Quão importantes são para você as refeições em família, independentemente da necessidade de uma alimentação adequada para os seus filhos? Quão importantes são outros rituais como, por exemplo, visitas aos avós, férias, conversas na hora de dormir e passeios nos fins de semana? Em outras palavras, pergunte a si mesmo a que tipo de vida familiar você aspira. Se você está numa família com pai e mãe, faça as mesmas perguntas ao seu cônjuge para ver até que ponto vocês dois estão de acordo.

Do que você acha que os seus filhos precisam no que se refere ao tempo para estar por perto, sem pressa, e ao tempo de ligação? Faça esta pergunta a si mesmo. Dependendo de suas idades e personalidades, algumas crianças precisam mais de você, ou precisam menos. Pode ser que você queira perguntar aos seus filhos do que eles mais gostam no tempo deles com a família. Caminhe com eles num dia ou numa semana típicos e pergunte a eles o que sentem, por exemplo, a respeito de ter você por perto depois da escola ou dos jantares em família, ou de ter conversas na hora de dormir. Você poderá ficar surpreso com o que eles dirão. Entretanto, como chefe da família, você não pode simplesmente contar com as preferências dos seus filhos. Às vezes, eles se acostumam com o ritmo apressado e desconectado da vida familiar, e poderiam não entender o que estão perdendo quando, por exemplo, deixam de aproveitar jantares ao pôr-do-sol ou refeições regulares em família. Os adolescentes podem não concordar voluntariamente com a necessidade de mais tempo de ligação. As crianças não deveriam ser tratadas como clientes que sempre sabem do que precisam na vida em família.

Em seguida, vem a parte mais difícil. Pergunte a si mesmo se o atual planejamento de atividades da sua família permite que você tenha tempo suficiente para o que é mais importante. Se há uma lacuna, quais são as causas? Se você está num regime de pressa excessiva

A sua Família é Frenética?

Responder a estas perguntas pode ajudá-lo a decidir se a sua família está ou não com excesso de atividades programadas.

1. Nós nos esforçamos para encontrar tempo para desfrutar sem pressa as nossas refeições familiares.

   Verdadeiro   Falso

2. Eu acho que nós gastamos muito tempo indo e voltando dos locais das atividades dos nossos filhos.

   Verdadeiro   Falso

3. Os empregados de casa podem ter dificuldade de se encaixar nas atividades programadas das crianças.

   Verdadeiro   Falso

4. Meus filhos não têm tempo suficiente para desfrutar momentos de lazer e diversão.

   Verdadeiro   Falso

5. Eu quero que passemos mais tempo em casa como uma família.

   Verdadeiro   Falso

6. É difícil visitar os parentes e os amigos da família porque somos muito ocupados.

   Verdadeiro   Falso

7. Não fazemos tantas viagens em família e excursões quanto gostaríamos.

   Verdadeiro   Falso

8. Até mesmo nos fins de semana é difícil juntar toda a família por causa das atividades programadas de cada um.

   Verdadeiro   Falso

Pontuação: Marque 1 ponto para cada resposta verdadeira. Some os seus pontos. Se o seu total for de 6 a 8, é provável que a sua família seja gravemente frenética. Se o seu total for de 3 a 5, a sua família é provavelmente um tanto frenética. Se for de 0 a 2, parabéns e, por favor, ensine ao restante de nós como você conseguiu fazer isso!

com os seus filhos, o que em sua programação de atividades cria essa pressa? Se você carece de tempo de ligação suficiente, o que está provocando isso? É apenas falta de tempo ou você não está usando bem o seu tempo? Por exemplo, é muito grande o tempo que se passa em casa assistindo à televisão em quartos separados? É o seu horário de trabalho que é um problema, ou é o da sua mulher? São as atividades externas dos seus filhos, ou são responsabilidades dos trabalhos em casa? Até recentemente, os profissionais também negligenciavam o problema das crianças sobrecarregadas de atividades programadas e das famílias insuficientemente coesas. Como as famílias isoladamente também o fazem, muitos profissionais têm dado tanto enfoque à importância das atividades externas, para dar apoio à auto-estima das crianças e ao seu senso de domínio, que perderam o óbvio: a vida em família vem em primeiro lugar. Uma longa lista de atividades se torna o sinalizador de uma pessoa jovem que as realizaria e ficaria assim afastada de confusões. Sejamos claros: o envolvimento comunitário é essencial para crianças e jovens, mas não é um substituto para o tempo com a família.

FIGURA 2.1
Pirâmide das Prioridades de Tempo

Nós vemos as prioridades de tempo para as crianças e as famílias como uma pirâmide (semelhante à pirâmide dos alimentos para as diretrizes nutricionais). Em nossa visão, o tempo da família está na base da pirâmide. Acima dessa fundação, vem o tempo dedicado às atividades educacionais e de aprendizagem. A prioridade seguinte de tempo mais importante seria a das atividades religiosas ou a das atividades baseadas em valores, e em seguida outras atividades extracurriculares, como os esportes. Há tempo, na vida da maior parte das crianças, para atividades em todos os níveis, mas com prioridades claras. (Confira a nossa visão dessa pirâmide de prioridades de tempo na Figura 2.1.) Você poderia ordenar algumas prioridades de tempo de maneira diferente da nossa e a quantidade de tempo da família mudaria quando as crianças ficassem mais velhas. Mas, em qualquer sistema de prioridades, achamos que um tempo significativo com a família (especialmente o tempo de ligação) é ainda a base do desenvolvimento da criança.

Nós suspeitamos que você não estaria lendo este livro se sentisse que a sua programação de atividades permite todo o tempo de estar por perto, sem pressa, e todo o tempo de ligação de que a sua família precisa. É possível que a sua família tenha apanhado o "vírus da atividade febril" da vida contemporânea e que você queira fazer alguma coisa a respeito. Se você sente que há uma lacuna entre os seus valores familiares e a sua experiência cotidiana da vida em família, você é parte de um grupo muito grande. Isso significa que há uma profusão de famílias ao nosso redor tentando imaginar como preencher essa lacuna entre o que valorizamos e como estamos vivendo.

Mas não é o suficiente apenas recuperar o tempo da família para estar juntos e se relacionar. Muitos de nós precisam aprender, ou reaprender, como usar esse tempo. É para isso que nós nos voltaremos a seguir, começando com as refeições familiares.

· 3 ·

Esta Cozinha não é um Pit Stop: A Recuperação das Refeições em Família

A hora do jantar era a peça central da vida em família de Graham. Conversas de grande intensidade energética, confusões inocentes, todos se alimentando com voracidade, pausa antes de dar início à limpeza — e a comida tampouco era ruim! Eles tinham os seus momentos de irritação durante o jantar, mas, na maior parte das vezes, você poderia dizer que os membros dessa família realmente gostavam de ficar juntos e partilhar uma refeição. No entanto, os Graham perderam os seus jantares em família sem que ninguém sequer percebesse isso.

Vamos voltar um pouco no tempo, antes de descrever a ascensão e queda dos jantares da família Graham. A família consistia em pai e mãe, que trabalhavam fora, e seus três filhos, Jon (de 11 anos), Nathan (de 9) e Lisa (de 7). O pai trabalhava no período da manhã como enfermeiro e estava em casa quando as crianças voltavam da escola. Ele era o cozinheiro principal da família. A mãe, que era professora, fazia as compras na mercearia e planejava o menu. As três crianças se revezavam na arrumação da mesa e ajudavam na limpeza, e nas manhãs de domingo Nathan geralmente fazia panquecas para a família. Um clã de alta energia, seus jantares eram uma fonte de orgulho, sentimento que os convidados facilmente percebiam.

E então veio a natação competitiva. As crianças devem ter recebido os genes atléticos de sua mãe, pois todos eles eram atletas extraordinários para a idade que tinham. Depois de passar muitos anos em equipes de natação de baixa intensidade, os seus pais os colocaram num nível mais intenso, que exigia três aulas por semana, um encontro todo fim de semana e viagens regulares para fora da cidade. E é claro que as equipes deles praticavam em dias e em horários diferentes! As atividades programadas da família para o final da tarde e o começo da noite se converteram num turbilhão de corridas de carro, para despejar as crianças nas suas atividades e depois apanhá-las de volta. Com exceção das noites de terça-feira, quando todos estavam em casa, o jantar se tornou um *pit stop*. O pai deixava a comida na geladeira para que as crianças a apanhassem e comessem. Às vezes, um dos pais e duas crianças comiam juntos, mas, na maior parte das vezes, nem o pai nem a mãe estavam na hora do jantar, e apenas às terças-feiras (e aos domingos) havia a possibilidade de toda a família estar reunida. Então, os jantares de terça também se perderam para as aulas especiais de prática de instrumento musical na banda de Lisa, que era a pessoa mais musical da família. Seus pais não queriam que Lisa perdesse uma oportunidade como essa, disponível apenas para um pequeno grupo de crianças da comunidade.

Os jantares de domingo permaneceram, mas até mesmo neles alguma coisa havia se perdido. A alta energia tinha marcado pontos em direção ao caos à medida que as crianças se dirigiam para a mesa e se afastavam dela, reclamavam mais da comida, provocavam mais repreensões dos pais e pediam para deixar a mesa assim que acabavam de comer. O espírito não era mais o mesmo.

Sendo um bom amigo da família, Bill decidiu perguntar a cada um deles separadamente se havia notado a mudança e como se sentia a respeito. Depois de passar um ano nesse novo ritmo de atividades, as duas crianças mais velhas disseram que não haviam notado a diminuição do número de jantares com a família. Quando Bill assinalou que eles costumavam jantar em família quase sempre, e lhes perguntou se achavam estranho ter perdido isso, Jon refletiu um pouco e disse: "Sim, eu gosto de estar junto de todos em família".

Mas em seguida acrescentou: "Mas eu só gosto de comer o que eu quero". Nathan foi menos positivo, e afirmou: "É entediante comer em família; eu prefiro jogar videogame enquanto como". Lisa não teve muito o que dizer durante a breve conversa de Bill com as crianças.

A mãe, por sua vez, perdia muitos jantares com a família e se preocupava com o fato de essa família estar numa rotina acelerada e estafante. O pai se concentrou no fato de que as crianças estavam tirando muito proveito da natação e eram muito dedicadas a esse esporte. Ele também enfatizou a qualidade do tempo que os pais passavam individualmente com as crianças no carro. E mencionou que a natação era praticada apenas durante seis meses do ano, um ponto que a mãe contestou dizendo que o futebol ocupava o restante do ano.

A família Graham é incomum só porque o declínio do seu ritual do jantar foi muito acentuado e rápido. Na verdade, eles são como muitas famílias nos dias de hoje, que desgastaram os seus rituais do jantar sem que isso seja muito notado, ou lamentado, pela maior parte dos membros da família, embora haja com freqüência algum membro, a mãe neste caso, que sente a perda. Se a sua família for parecida com os Graham, nós oferecemos idéias para que você recupere as suas refeições familiares e as converta em rituais de ligação. Se não for, queremos ajudá-lo a manter os seus rituais de refeição e a melhorá-los.

Qual é a Grande Importância das Refeições Familiares?

Nosso corpo é planejado pela natureza para ficar com fome pelo menos três vezes ao dia. E somos criaturas sociais, que geralmente preferem fazer as refeições acompanhadas. (Pense em como nos desculpamos quando comemos na frente de alguém que não está comendo, e como quase sempre convidamos essa pessoa para partilhar a nossa refeição.) Todas as práticas culturais e as principais religiões do mundo têm, no seu âmago, rituais de refeições.

Antes de conversarmos mais a respeito dos rituais de refeições, é hora de explicarmos o que entendemos por um ritual de família.

Basicamente, um ritual é uma atividade coordenada que a família realiza repetidas vezes e que tem um significado emocional para os membros da família. Para ser qualificada como um ritual, a atividade precisa ser repetida ao longo do tempo — desde acontecimentos diários, como conversas na hora de dormir, até um acontecimento anual, como as férias. A atividade precisa ser organizada o suficiente para que as pessoas saibam quando ela está ocorrendo e como agir durante a sua realização (pense nas festas de aniversário).

A diferença entre uma rotina e um ritual é que um ritual tem o elemento extra do significado emocional. Uma rotina seria a maneira como as visitas ao banheiro são organizadas a cada manhã numa grande família — repetidas, coordenadas, mas não especialmente significativas! Um ritual seria um banho noturno que um pai dá no seu filhinho, quando eles brincam juntos e se divertem. Os rituais podem envolver a família toda, subgrupos da família (como um pai e um filho), a família estendida, ou a família e sua comunidade mais ampla.

Refeições em família constituem a oportunidade ritual diária central. No que têm de melhor, elas são um oásis num dia febril, um tempo para se religar, relaxar, discutir, debater, dar apoio um ao outro e rir juntos. Os jantares em família, em particular, costumam ser a única ocasião durante o dia em que todos os membros da família têm oportunidade de estar juntos, com as pessoas diante uma da outra, realizando a mesma atividade e partilhando as conversas. Durante o tempo restante, nós estamos principalmente envolvidos em atividades solitárias ou entre duas pessoas. Rituais de jantar em família envolvem todos os três usos do tempo da família que discutimos até agora:

- *Estar por perto*, quando preparamos as refeições, nos acomodamos, ingerimos o alimento e fazemos a limpeza;
- *Conversa logística*, quando usamos a refeição para nos atualizar sobre o que está acontecendo nas atividades programadas de cada um;
- *Conversas de ligação*, quando usamos a refeição (na melhor das vezes, de qualquer maneira) para contar histórias, compartilhar opiniões e sentimentos e, em geral, nos atualizar sobre a vida de cada pessoa da família.

Os rituais das refeições são a ocasião em que a cultura da família é criada e alimentada. Não precisa necessariamente ser o jantar; nós conhecemos famílias cujos membros desfrutam juntos o café da manhã, e outras que fazem um grande desjejum de domingo. E uma família que simplesmente não é capaz de fazer as suas refeições com todos os seus membros reunidos poderia ser capaz de criar um ritual alternativo de ligação igualmente valioso. Mas é um desafio criar um substituto viável para o simples ato de desfrutar juntos o jantar na maior parte dos dias.

No começo do livro, descrevemos pesquisas que apóiam a importância dos jantares em família. As crianças e os adolescentes se saem melhor em quase todas as áreas da vida quando suas famílias têm jantares regulares. Nutricionistas constataram que as refeições preparadas em casa significam melhor nutrição, dietas com menos gordura e um consumo menos devastador. Pesquisas de opinião revelam que o público acredita nos jantares em família. Mas, se quase todos concordam hoje em reconhecer o valor dos jantares em família (e de outras refeições), por que boas famílias desistem deles e acham tão difícil recuperá-los?

Jantares em Família:
Uma Espécie muito Apreciada, mas Ameaçada

A família Graham nos mostra algumas das pistas da razão pela qual os jantares em família são tão difíceis de ser bem-sucedidos nos dias de hoje. Na maioria das famílias, o pai e a mãe trabalham, ou então só um dos pais; em qualquer dos casos, um dos pais não tem tempo suficiente para planejar e preparar as refeições. Então sobrecarregamos os nossos filhos com atividades depois das aulas e no começo da noite. Ansiando por dar apoio aos nossos filhos, passamos a achar que é mais importante observar as aulas práticas ou os jogos deles da arquibancada do que ficar em casa preparando uma verdadeira refeição para a família. O resultado é que nós comemos no carro ou em restaurantes *fast-food*, ou trazemos a comida para casa para ser consumida na mesa da cozinha enquanto as crianças deixam rapidamente o local.

Há, em seguida, o que acontece quando nos sentamos para comer juntos. A maioria das famílias americanas deixa a televisão ligada durante o jantar — uma maneira segura de solapar as conversas de ligação, tirando-as do ar. Quando introduzimos pouco pensamento especial nos rituais dos jantares em família (porque estamos atormentados e distraídos com os nossos problemas), a comida e as conversas ficam enfadonhas e rotineiras, e por isso é fácil não prestar atenção a elas. As crianças e os adultos são igualmente bombardeados todos os dias pelos comerciais e pelas diversões do tipo MTV enquanto nos apressamos em nossas atividades programadas. Como podem os jantares em família competir com isso?

Há outra razão para a dificuldade de ter bons rituais de refeição em família, algo fundamental em nossa cultura. Nós vivemos numa era altamente individualista, e estamos educando os nossos filhos dessa maneira. Tendemos a nos enxergar como provedores de bens e de serviços para os nossos filhos, para mantê-los felizes e satisfeitos. Está em erosão a idéia de que as crianças são cidadãs das famílias e comunidades, de que elas são partes de um todo, com obrigações e responsabilidades como membros que contribuem para as suas famílias e comunidades.

O que isso tem a ver com as refeições familiares? Nós acreditamos que muitos pais vêem a si mesmos como provedores de alimento e não como chefes dos rituais do jantar da família. Se para você o propósito do jantar é simplesmente se alimentar, então um jantar em família, com todos sentados ao redor da mesa, não é necessário. Além disso, se a sua meta é agradar aos seus filhos como clientes, então você não vai querer que eles desistam de alguma outra atividade para jantar com a família, ou nem mesmo que comam alguma coisa que eles preferem não comer nesse dia. O que é notável sobre as refeições em família numa cultura individualista e consumista é que elas requerem uma conformidade social: vocês precisam se reunir ao mesmo tempo; comer mais ou menos a mesma comida; conversar entre si em vez de ler, jogar videogame ou assistir à televisão; e terminar de comer ao mesmo tempo. Parece opressivo, não? O McDonald's não faz essas exigências aos seus clientes.

A National Public Radio fez um especial sobre os jantares em família e o seu declínio. O correspondente entrevistou uma garota de 16 anos de idade a respeito das práticas de jantar da sua família. Ela contou que a sua família raramente janta reunida ou se reúne em qualquer outro tipo de refeição. Quando lhe perguntaram por quê, ela respondeu, sem nenhum traço de ironia ou de emoção negativa: "Como se pode esperar que todos nós comamos juntos ao mesmo tempo se não temos fome ao mesmo tempo?" É desse modo que a cultura consumista, a cultura do eu primeiro, deixa para trás a vida familiar. Os jantares em família e outras refeições de alta qualidade, em que os membros da família se reúnem regularmente para ingerir alimento emocional e físico, constituem uma prática contracultural em nosso mundo contemporâneo.

Encontrando Tempo para Comerem Todos Juntos

Para recuperar as refeições em família, nosso conselho é simples, mas desafiador.

- *Fazer das refeições em família uma prioridade.*
- *Ser flexível.*
- *Começar de onde você está.*

A prioridade vem em primeiro lugar. Se você estiver realizando, por semana, mais de quatro jantares em família com todos reunidos, provavelmente já está reservando um lugar para as refeições em família na sua vida. A propósito, você deve contar os jantares fora de casa como jantares em família se usar o tempo para ter conversas de ligação, em vez de apenas comer apressadamente. Veja onde a sua família se situa preenchendo a Tabela 3.1, que pode ajudá-lo a rastrear quem está presente nas refeições em família por uma semana. Se você não pode realizar jantares com todos juntos, mas tem cafés da manhã regulares em família, almoços nos fins de semana, ou desjejuns, então está na frente de muitas outras famílias. Mas se você sente que não tem tempo suficiente quando todos da família estão reunidos para uma refeição, então o primeiro passo é diagnosticar o problema.

São as atividades programadas dos adultos ou as das crianças? Muita seleção individual sobre o que as pessoas irão comer? Fadiga ou esgotamento do combustível de chefe de cozinha? Você foi se afastando das refeições em família por outras razões? A chave está no grau de excelência com que você quer restaurar as refeições. Só você pode saber isso. A família Graham terá de começar a partir daí: com que grau de excelência os pais querem restaurar sua rica tradição dos jantares em família?

Se você está certo de que quer encontrar tempo para as refeições em família, então o princípio seguinte consiste em ser flexível. Numa família atarefada com quatro filhos ativos e um pai que chega tarde do trabalho, a mãe decidiu alimentar as crianças com um lanche rápido no começo da noite, deixando o jantar, todos os dias, para as oito da noite. Todos estão em casa nessa hora, ninguém está muito faminto, e a maior parte das tarefas do dia já foi realizada. Outra família é ainda mais flexível. Eis as palavras da mãe:

Nós jantamos tarde — algumas vezes muito tarde. Costumávamos brincar dizendo que jantávamos quando um dos amigos do meu filho já havia se deitado para dormir. Na época, meu filho tinha 9 anos de idade, e seu amigo ia para a cama às oito da noite. Agora, nós brincamos que jantamos quando os pais do seu amigo vão dormir — às vezes, até mesmo às dez horas da noite. Meu filho está agora com 17 anos de idade.

O horário da refeição é importante? Não para mim, contanto que jantemos todos juntos. E com as atividades escolares planejadas para antes e depois do horário do jantar, nós não espremermos a hora da refeição para acomodar a agenda de cada um. As crianças comem uma minirrefeição quando chegam em casa. Mas nós comemos no jantar e relaxamos ao redor da mesa de refeições e temos até mais coisas para compartilhar.

Além disso, um dos melhores conselhos que minha mãe me deu é que não interessa a que horas vai ser o jantar, contanto que seja antes da meia-noite.

Você também pode ser flexível em suas expectativas quanto ao que irá servir. Se um jantar em família significa uma refeição com

Esta Cozinha não é um Pit Stop: A Recuperação das Refeições em Família • 49

TABELA 3.1
Quem Está Aqui?

Membro da Família	Domingo			Segunda-feira			Terça-feira			Quarta-feira			Quinta-feira			Sexta-feira			Sábado		
NOME	C	A	J	C	A	J	C	A	J	C	A	J	C	A	J	C	A	J	C	A	J

C = Café da Manhã   A = Almoço   J = Jantar

cinco pratos, então pais ocupados desistirão muito depressa e se acomodarão para comer uma *pizza* na sala de estar na frente da televisão. A chave está na conversa e no fato de todos estarem juntos, e não no menu.

Outro modo de ser flexível é incluir mais cozinheiros na cozinha. Numa família em que a mãe estiver fazendo uma boa fritura, com ela mesma cozinhando, e cuidando apenas para que cada um reaqueça as sobras para si mesmo, a solução foi encarregar o pai e os adolescentes da preparação de certas refeições durante a semana. O pai ficou com as noites de domingo, e cada adolescente ficava com uma noite durante a semana. O acordo estabelecia que o cozinheiro também escolhesse o menu, e isso significava que a pirâmide nutricional (especialmente frutas, hortaliças e grãos) não era adotada a cada noite. Porém, mais pessoas envolvidas nas pequenas tarefas das refeições se voltaram para a restauração de um importante ritual de família. Uma mãe chamada Kathy gosta de dizer que está muito cansada do programa "A Cozinha *Country* de Kathy", especialmente quando os espectadores reclamam o tempo todo. A família de Kathy precisa absorver um princípio central dos rituais de família: em geral, quanto maior for o número de pessoas envolvidas na realização de um ritual, melhor será a qualidade do ritual para todos — e maior será a probabilidade de você vir a realizá-lo regularmente.

Nosso terceiro conselho é começar de onde você está. Se um dos pais viaja durante a semana, faça rituais de jantar com seus filhos nos dias da semana, e saiam todos juntos nos fins de semana quando toda a família estiver presente. Jo Ann, uma mãe solteira com um filho de 16 anos de idade, que trabalha e tem carro, ficou ciente de que havia perdido os jantares que fazia com ele. Na verdade, comerem juntos em qualquer ocasião seria obra do acaso. Às vezes, ela se sentia como se não vivesse numa família com o filho, uma vez que eles não tinham um contato regular. Jo Ann se aproximou do filho com a idéia de reservarem uma noite por semana para um jantar entre mãe e filho. Ele concordou com a idéia, e eles decidiram realizar o seu jantar nas noites de quinta-feira. Eles discutiam antecipadamente que prato seria, o filho a ajudava a prepará-lo, e eles celebravam juntos um jantar que proporcionava uma agradável ligação entre ambos.

Jo Ann teve o bom senso de começar devagar, em vez de propor ao filho que jantassem juntos todas as noites ou pedir a ele que mudasse a sua programação de atividades. E você pode estar certo de que ambos sabiam por que estavam lá todas as noites de quinta-feira. Não era apenas uma oportunidade para duas pessoas se alimentarem; era um ritual de jantar que tinha por propósito a ligação emocional entre uma mãe e seu filho. As refeições familiares tendem a desaparecer gradualmente ao longo do tempo; elas podem ser restauradas da mesma maneira, especialmente se nós as tornarmos especiais abordando-as de certas maneiras que examinaremos em seguida.

Fazendo os Rituais de Refeição Valerem a Pena: Conversa de Ligação

A essa altura, você pode estar dizendo a si mesmo: Dá um tempo! Você já esteve recentemente em minha casa para jantar? Todo mundo junto? Dialogando? E o que você acha do tédio, da reclamação e da irritabilidade? De fato, há boas razões, além do tempo apinhado de atividades programadas, que levam as famílias a se afastarem dos jantares em família e a deixar a televisão ligada, quando a têm. Como mencionamos antes, somos uma cultura de velocidade e entretenimento e com uma capacidade cada vez menor para exercer essa atividade de baixa intensidade que é desfrutar juntos um tempo livre de atividades programadas. Um sentido da importância emocional das refeições em família não vem automaticamente do ato de se sentarem todos juntos numa mesma mesa. Precisamos ser intencionais com relação aos nossos rituais de refeição para mantê-los revigorados ao longo dos anos. O boxe na página 52 apresenta várias perguntas que você pode fazer a si mesmo sobre o que é introduzido nas diferentes fases dos rituais de refeição em sua família.

Como o cerne de um ritual de refeição é o diálogo, vamos começar por ele. A conversa logística tende a transcorrer por si mesma, com diálogos menos intensos sobre quem estava envolvido em qual

A Elaboração dos Rituais do Jantar em Família: Perguntas para Você Fazer a Si Mesmo

Fase de Preparação
- Como são tomadas as decisões a respeito dos alimentos que serão comprados?
- Como a previsibilidade e a novidade são combinadas na compra dos alimentos?
- Como a comida é armazenada e disponibilizada para o preparo das refeições? É mais difícil ritualizar as refeições quando ninguém planejou o que será servido.

Fase de Transição: Aprontando-se e Sentando-se
- Quem prepara a refeição, quem arruma a mesa?
- O ambiente está preparado para o tempo da família — TV desligada, jornais removidos, cadeiras arrumadas? Incrementos como velas?
- Quando a refeição é servida?
- Como os membros da família são chamados para a mesa? Há uma briga?
- Quem está presente? Alguns chegam atrasados? Ou ninguém jamais se atrasa?

Fase do Desempenho: A Refeição em Si Mesma
- O ambiente é propício para a ligação e o diálogo?
- Como os membros da família estão sentados?
- Que tipos de alimento são servidos? Como as preferências dos membros da família são balanceadas? Às vezes, há pratos especiais?
- São permitidas interrupções, como para atender ao telefone?
- Que tópicos de diálogos são encorajados?
- Que tipos de diálogos são desencorajados, por exemplo, disciplina?
- Quem participa das conversas?
- Como se lida com o comportamento à mesa?

Fase Final: Deixando a Mesa e Fazendo a Limpeza
- O final do ritual da refeição é claramente definido, com todos deixando a mesa ao mesmo tempo?
- Quem participa da limpeza?

atividade durante o dia, o que se planeja fazer no dia seguinte ou na próxima semana, e os alertas sobre serem cuidadosos com o primeiro degrau da escada, que está começando a rachar. O único problema com a conversa logística é que, se ela dominar inteiramente, não haverá espaço para uma conversa de ligação.

Lembre-se de que a conversa de ligação geralmente assume a forma de histórias, sentimentos, opiniões e humor. Algumas famílias que nós conhecemos são totalmente intencionais quanto às conversas de ligação, começando cada refeição com um *check-in*: todos mencionam a melhor coisa e a pior coisa que aconteceu com eles naquele dia. Até mesmo crianças muito novas podem participar desse tipo de ritual de ligação. O *check-in* pode então ser um trampolim para conversas adicionais a respeito do que está acontecendo na vida de cada uma das pessoas.

Outras famílias são menos estruturadas, mas se esforçam para ter conversas de ligação durante as refeições. Quando os seus filhos cresceram e passaram a prestar mais atenção ao mundo ao seu redor, Bill gostava de chamar a atenção para acontecimentos do noticiário. Às vezes, ele os mencionava para a sua mulher e em seguida perguntava às crianças se tinham uma opinião. Por exemplo, ele observou que a nova legislação sobre cigarros proibira painéis de propaganda do produto, e isso significava que a figura de Joe Camel desapareceria da visão do público. Em seguida, ele perguntou às crianças se elas sabiam quem era Joe Camel. É claro que elas sabiam quem era Joe Camel — todas as crianças sabiam, elas responderam. Isso deu a ele a abertura para perguntar às crianças o que elas pensavam sobre aquela propaganda, sobre fumar e seus efeitos, sobre quantas crianças que elas conheciam na escola fumavam, e sobre os efeitos que elas pensavam que as propagandas exerciam nas crianças. Ele expressou suas próprias opiniões ao longo da conversa, mas o diálogo foi uma troca de idéias, e não uma leitura adulta dos males do hábito de fumar.

Barbara se lembra de uma conversa semelhante com os seus quatro filhos sobre as viagens de férias de primavera sem acompanhante responsável que os veteranos do colégio local faziam todos os anos para Cancún, no México. Essas oportunidades anuais para sexo, drogas e *rock and roll* eram muito comentadas na comunidade. Muito antes de os seus filhos se tornarem veteranos, Barbara e o marido tiveram conversas na hora do jantar a respeito do que eles e as crianças pensavam sobre esses acontecimentos. À medida que as crianças cresciam, essas conversas se transformaram em oportunidades para falar sobre o que o álcool provoca, segundo a opinião dos jovens — novamente, não era uma palestra, mas uma conversa na qual os pais tinham a oportunidade de ouvir e de compartilhar os seus valores. A propósito, nenhum dos quatro filhos de Barbara sequer havia pedido para ir a Cancún como veterano.

Não estamos querendo dizer com isso que a maior parte das conversas durante o jantar tem de ser sobre assuntos pesados. Elas também podem ser sobre beisebol, o cachorro da família, a saúde da avó, as lembranças de infância dos pais e sobre quem ficou assustado com a tempestade de trovões e relâmpagos na noite anterior. A chave é que há uma oportunidade para todos se envolverem do seu jeito particular. O boxe na página 55 apresenta a você algumas introduções engraçadas para essas conversas.

As conversas de ligação também podem seguir um caminho errôneo. Um erro que alguns pais cometem é atormentar os filhos com perguntas: O que você fez hoje? O que você acha da sua professora de matemática? Ontem eu vi a sua amiga Lisa fumando do lado de fora do *shopping* — você sabia que ela fuma? Especialmente quando se aproximam da adolescência, as crianças tendem a odiar quando se sentem interrogadas pelos pais, e só responderão com monossílabos. É geralmente errado insistir com perguntas nesses momentos. Um erro adicional é fazer comentários que interrompam o diálogo quando as crianças se abrem. Por exemplo, quando sua filha de 12 anos diz que odeia matemática, uma refeição não é o momento para repreendê-la sobre a sua atitude ou para falar sobre como a nossa sociedade precisa de mais mulheres cientistas. Outro princípio central dos rituais de família: os conflitos devem ser mínimos. Quase todos os assuntos disciplinares, exceto quando as crianças brigam ou atiram a comida na mesa, podem esperar até depois do término do ritual da refeição.

Introduções para Conversas na Hora da Refeição

- Se você pudesse ir para qualquer parte do mundo, aonde iria e por quê?
- Você preferiria ser um Jeep ou um Porsche, e por quê?
- Por que a cola não gruda no interior da garrafa?
- Qual foi a sua viagem em família favorita e por quê?
- Qual foi a pior coisa e a melhor coisa que aconteceu com você hoje?
- Se você recebesse 500 dólares para fazer o que quisesse, o que faria?
- Se você percebesse que um estranho o está seguindo, o que faria?
- Se houver um incêndio na sua casa, o que você fará?
- Se você pudesse encontrar qualquer pessoa no mundo, quem seria e por quê?
- Se você pudesse encontrar alguma personagem histórica, quem seria e por quê?
- Quem é o seu herói favorito e por quê?
- Qual é o seu programa de televisão favorito e por quê?
- Qual é o seu filme favorito de todos os tempos e por quê?
- O que você mais valoriza em si mesmo? O que você gostaria de melhorar?
- De que momento você tem mais orgulho?
- Qual foi o seu momento mais embaraçoso?
- Você preferiria ter uma festa com alguns amigos ou com um monte de amigos?
- Se você pudesse ter um dia inteiro de folga do trabalho ou da escola, o que você escolheria fazer com esse tempo?
- Se a sua família quisesse realizar um projeto de serviço que incluísse todos, o que você gostaria de fazer?
- Qual é o seu primeiro dia de aula mais memorável?
- O que aconteceu durante o seu dia favorito na praia?
- Qual é o seu feriado favorito e por quê?

Como Fazer as Refeições Familiares Valerem a Pena: Seja Criativo

Ok, você diz, eu estou convencido de que as refeições em família (especialmente os jantares) são importantes, que eu deveria ser flexível em apresentá-las, que eu deveria começar de onde nós estamos e que eu deveria ser intencional no que se refere às conversas que nós temos durante as refeições. Mas onde está a graça e a espontaneidade? É sobre isso que estamos conversando agora. Mas, em primeiro lugar, queremos enfatizar o fato de que ser criativo não significa que você se tornou o diretor de entretenimento do cruzeiro da família. As refeições familiares não são um *show* que você apresenta para a sua família, seguido por um medidor de aplausos ou por outras formas de avaliação. Há muito valor em permanecer comprometido com as refeições regulares da família mesmo quando elementos de tédio e fadiga se instalam. Os rituais de família, assim como tudo o mais na vida, têm picos e vales, períodos de intenso prazer seguidos por períodos em que você olha ao redor da mesa e fantasia sobre estar em qualquer outro lugar do mundo menos com essa prole ingrata e indisciplinada e com essa companheira desinteressada ou crítica. Mas, como diz o ditado, 80% do sucesso na vida vem do simples fato de se mostrar disposto, quer nesse dia você se sinta disposto ou não.

Dito isso, nós deveríamos investir, no mínimo, tanta energia criativa nos nossos rituais de refeição em família quanto investimos na escolha do que vamos vestir ou no desfrute do nosso *hobby* favorito ou no planejamento das férias tão esperadas.

Nós colocamos temperos na comida, não colocamos? Então, por que não colocamos tempero no ritual da refeição? Eis algumas idéias de temperos que nós reunimos das nossas próprias experiências e das de outras famílias. Mais idéias poderão ser encontradas no boxe a seguir: "Dicas para Alegrar a Família".

Dicas para Alegrar a Família: Momentos Memoráveis nas Refeições

Idéias Gerais para as Refeições

• Envolva as crianças nas refeições, independentemente da idade — as crianças muito novas podem arrumar a mesa, as mais velhas podem picar e cortar as hortaliças e abrir as latas, os pré-adolescentes e adolescentes podem se envolver no planejamento, nas compras e no ato de cozinhar, e até mesmo ficar encarregados de toda a refeição. TODOS ajudam na limpeza!

• Tenha uma noite regular com a família, como, por exemplo, uma noite de *pizza* ou uma noite de *taco*, e assistam, todos juntos, ao programa de televisão favorito da família. Uma família tem sempre uma noite de pão e sopa aos domingos. O pai assa o pão fresco, e a mãe prepara a sopa. Os aromas tentadores reúnem a família para que todos se religuem antes que a semana comece.

• Compre uma toalha de mesa branca para ser usada em cada refeição especial de feriado. Use marcadores permanentes para que os membros da família neles escrevam ou desenhem alguma coisa pela qual eles são gratos. Não se esqueça de datar o desenho e acrescente um novo pensamento a cada ano. Cada pessoa também pode ter a sua própria roupa especial de aniversário para acrescentar ao longo dos anos.

• Adote um método especial para chamar a família para jantar: faça soar um sino, bata um gongo, toque uma canção ao piano, cante uma canção de reunir.

• Quando as crianças estão crescendo fora de casa, crie um jantar em família aos domingos — qualquer um dos que estiverem na cidade está convidado para a reunião. Não se esqueça dos avós.

• Mantenha uma lista na porta da geladeira com tópicos que serão abordados durante a refeição. Todos acrescentam sua contribuição à lista.

• Reze antes de cada refeição, se isso é parte da sua fé, e dêem as mãos enquanto rezam.

• Use a sua refeição diária para celebrar TUDO! — um bom trabalho na escola, uma promoção da mãe ou do pai, um quarto de dormir limpo, um dente que caiu, cada feriado, do Dia da Árvore ao Dia de Zeus.

Tempere as Suas Refeições

• Quando as refeições parecem enfadonhas e cansativas, tente comer num lugar diferente — debaixo da mesa, sobre uma manta de piquenique na frente de uma lareira, na casinha em cima da árvore, no quintal ou num parque.

• Faça a sua história viver — estude a sua genealogia e encontre receitas vindas do seu *background* étnico. Peça às crianças para que façam a pesquisa, ajudem com as compras, cozinhem a refeição e façam esteiras para os pratos, cartões com nomes ou uma peça decorativa central que represente o seu país.

• Tenha uma noite temática. Vá à biblioteca e encontre livros sobre muitos países diferentes, suas culturas e seus feriados. Prepare uma refeição a partir dessa cultura e faça um relato sobre a sua pesquisa.

• Prepare refeições especiais com velas, bons pratos e uma toalha de mesa. Desfrutem a refeição na sala de jantar.

• Encontre um livro que ensine sobre a pirâmide dos alimentos e faça a família trabalhar duro para segui-la.

• Ocasionalmente, mude os lugares na mesa e deixe que cada um tenha a oportunidade de ocupar a posição da cabeceira.

• Crie um dia dos dois dólares. Cada um pega dois dólares para comprar a melhor coisa que encontrar com esse valor para o jantar.

Idéias Alimentares

• Faça *s'mores* (um *marshmallow* tostado e um pedaço de chocolate espremidos entre dois biscoitos de farinha de trigo integral) no fogão ou no microondas.

• Faça uma "viagem ao campo" e crie alguma coisa deliciosa com a sua generosidade: compota ou torta de maçãs trazidas do passeio ao pomar, geléia de morangos trazidos da chácara, sementes de abóbora torradas trazidas da plantação de abóboras.

• Finalize a refeição com uma sobremesa elaborada. Bolinhos recobertos com açúcar ou glacê, biscoitos decorados. Faça sorvetes ou *sundaes* e sirva-os.

Para Crianças Menores

• Leve as crianças com você quando for fazer compras na mercearia e diga a elas que cada uma deve escolher um produto.
• Pinte mensagens secretas num pedaço de pão com leite misturado com corante de alimentos. Aqueça o pão, e a mensagem, magicamente, aparecerá.
• Prepare uma refeição na qual todos os pratos tenham uma só cor. Tudo deve ser verde, ou vermelho etc. Seja criativo!
• Faça uma refeição do alfabeto. Escolha uma letra e coloque sobre uma manta todos os itens alimentícios cujos nomes comecem com essa letra — por exemplo, sanduíches de pernil, suco de cor púrpura, pêssegos, pipoca, *pretzels*, pêras, carne de porco.
• Leia o livro *Green Eggs and Ham* [Ovos Verdes e Presunto], do dr. Seuss, e então prepare-os para o jantar.

• Mude o ambiente. Os Dohertys gostam de acender uma vela, reduzir a intensidade da luz com um interruptor regulável e colocar uma música suave de fundo. Isso cria o "espaço do ritual", onde os membros da família entram num estado de humor diferente daquele em que estavam antes de ir à mesa. O efeito disso é acalmar a fera que há em todos nós.

• Às vezes, Barbara anunciava que o jantar dos Carlson daquela noite seria servido debaixo da mesa! Com todos sentados lá! Outras vezes, o jantar poderia acontecer na casa em cima da árvore, no quintal ou na praia.

• Se você mora numa região de clima frio, e não pode fazer um piquenique durante o inverno, faça-o sobre uma manta em frente à lareira. Barbara fez isso com sua família quando achou que uma mudança de cenário era uma medida adequada. É divertido assar *marshmallows* numa fogueira dentro de casa.

• Faça um jantar por semana realmente especial. Eis a história da família Kakuk, contada com as palavras da mãe (Sue):

Eu não cozinho nas noites de quinta-feira! Embora nós, normalmente, partilhemos juntos todas as nossas refeições noturnas, elas parecem pequenos trabalhos domésticos, rotineiros e sem qualquer acontecimento que as destaque. No último ano-novo, eu me organizei e finalmente limpei a mesa da sala de jantar para um jantar especial em família que nós planejamos só para nós quatro. Não comíamos lá há mais de UM ano! Embora a refeição, em si mesma, não fosse particularmente especial, cobrimos a mesa com uma toalha festiva, guardanapos, porta-guardanapos, velas, boa porcelana e objetos de vidro etc. Nós gostamos tanto que eu sugeri que comêssemos lá uma vez por semana. Então, para a minha surpresa, meu marido sugeriu que ele e as crianças se revezassem para preparar a refeição. Que acordo! A cada semana, eles planejavam o menu, e eu fazia as compras na mercearia para ele. Às vezes, era *mac'n'cheese* ou sopa de galinha com talharim. Que importa? Mas nós ainda comemos na sala de jantar com a boa porcelana... Estamos orgulhosos de ver os nossos filhos exercerem algum controle e ganharem confiança na cozinha.

• Peça às crianças para criarem esteiras de travessas para a mesa.
• Faça uma refeição de café da manhã para o jantar. Quando Bill estava fora da cidade, sua mulher às vezes preparava panquecas dinamarquesas no jantar para ela e as crianças. Pratos insólitos tendem a criar um humor divertido.
• Realizem a refeição com o máximo empenho e entusiasmo quando comprarem comida pronta. Uma família às vezes põe a toalha de mesa, boa louça, velas — todo o aparato — mesmo quando faz a refeição com comida chinesa do restaurante, entregue em caixinhas de papelão.
• Tire vantagem das oportunidades de desjejum nos fins de semana para os alegres rituais de refeição. Um pai se lembra com carinho de como o pai dele costumava preparar panquecas especiais nas manhãs de domingo, cada uma na forma de um personagem de desenho animado escolhido pelas crianças — Mickey Mouse, Pato Donald, à escolha do freguês — e o pai os fazia. Quando as crianças cresceram e passaram a voltar para casa com os seus próprios filhos, o que você acha que eles pediam para as manhãs de domingo?

Nós ficamos inspirados com as histórias que ouvimos de famílias que usam a criatividade e a persistência para transformar os jantares e outras refeições na pedra angular do tempo que os membros da família passam juntos. Nós compreendemos as forças poderosas que impedem muitas famílias de repartirem juntas o pão. Mas acreditamos profundamente que, para a maior parte das famílias, a primeira cabeça-de-praia na batalha para recuperar a vida em família é o ritual da refeição. Erga aqui o seu acampamento se você puder. Mantenha o compromisso e seja flexível, aceite o fato de que é aqui que você está começando, desenvolva as suas habilidades nas conversas em família, compreenda que haverá momentos de seca, e tenha alguns divertimentos criativos ao longo da jornada. Desse modo, você irá passar uma importante tradição familiar para os seus filhos, que por sua vez irão levá-la para a família que formarem. Como sabemos com base em nossa própria experiência pessoal, seus filhos estarão crescidos antes que você dê duas voltas completas, e você ficará grato por ter alimentado e preservado a sua cultura familiar pela dedicação ao ritual da refeição.

· 4 ·

Agora Eu me Deito para Dormir: A Recuperação da Hora de Ir para a Cama

O que lhe vem à mente quando você pensa na sua infância e na hora de ir para a cama? Você tem sentimentos calorosos e aconchegantes? Lembranças de argumentações e batalhas inflamadas? Uma combinação de ambos? A hora de ir para a cama pode ser a melhor ou a pior ocasião na vida familiar de todos os dias, melhor quando traz consigo uma ligação íntima entre pais e filhos, pior quando encerra um dia cansativo com uma batalha de vontades ainda mais cansativa.

O ritual da hora de ir para a cama é uma coisa moderna. Durante a maior parte da história, as famílias iam para a cama quando o sol se punha e se levantavam quando ele aparecia na manhã seguinte. Não havia lâmpadas para estender a luz do dia noite adentro, e criavam-se opções para encerrar as atividades diárias. Em sua maior parte, as famílias moravam em pequenas residências, sem quartos separados onde seus muitos filhos tivessem conversas privadas com os pais à noite. A hora de ir para a cama, enquanto ritual especial, provavelmente não entra em cena até o século XX, e pode não ter se tornado lugar-comum até a segunda metade do século. O seguinte cenário, descrito por Taffy, destaca essa mulher como uma mãe moderna, que usa o ritual da hora de dormir para criar momentos íntimos com a filha.

Minha filha, agora com 4 anos, gosta de me contar uma história na hora de dormir. Então eu lhe conto outra história. Ela geralmente me pede idéias para as suas histórias. Eu tenho de lhe dar algumas antes de nós acertarmos uma de que ela goste. Mas então eu adoro ouvi-la contar a sua história. Isso me ajuda a saber o que está se passando na sua mente.

Como Taffy, a maioria de nós sabe que ouvimos coisas dos nossos filhos durante o ritual da hora de ir para a cama que nós não ouviríamos de nenhuma outra maneira. As pressões e as corridas atividades do dia estão agora terminadas, e num caloroso e tranqüilo ambiente de quarto de dormir, ou abraçados no sofá da sala de estar, nós experimentamos um tipo muito especial de ligação emocional com os nossos filhos. Não sempre, é claro. O poder do ritual não está no fato de que toda ocasião é profunda ou memorável, mas no fato de que a nossa fidelidade a ele cria possibilidades para ligações profundas e memoráveis ao longo do tempo.

A Atual Ameaça que Paira sobre os Rituais da Hora de Ir para a Cama

Pesquisadores estão começando a documentar o que muitos de nós já estamos percebendo: o ritual da hora de dormir está hoje em decadência. As crianças nos dias de hoje são menos capazes de ter um horário regular para dormir, e sem essa estrutura é difícil realizar um ritual para a hora de dormir. Em vez disso, as crianças permanecem acordadas — assistindo à televisão, trocando *e-mails*, jogando videogame ou fazendo lição de casa — até que decidam que estão prontas para ir dormir. Muitas crianças caem no sono em algum lugar na casa e são carregadas para a cama por um dos pais. Em casos como este, um ritual da hora de ir para a cama, envolvendo conversas, narração de histórias ou leitura, não é possível.

Até mesmo autoridades federais de saúde estão ficando preocupadas. O National Heart, Lung and Blood Institute [Instituto Nacional do Coração, Pulmão e Sangue] está começando uma campanha para encorajar melhores hábitos de sono entre as crianças. Um número muito grande de crianças, diz o instituto, não tem horas de sono suficientes, e daí resultam problemas como, por exemplo, dificuldades com os trabalhos de escola e nos relacionamentos com os amigos e com a família.

O que está acontecendo aqui? Por que estamos retrocedendo no que se refere ao único e importante ritual de família que ajuda tanto no sono como no estreitamento dos laços familiares? As razões disso vão até o cerne da mensagem deste livro.

- *Programação frenética das atividades da família.* As crianças que estão com o tempo tomado por atividades que vão desde as horas na escola até a noite se encontram, com freqüência, demasiadamente alertas para se ajustar a um ritual da hora de ir para a cama com um dos pais. E os pais, por sua vez, estão muito cansados para ingressar no lento processo de redução das atividades de um ritual pleno para a hora de ir para a cama.

- *Televisão.* Deixadas ao sabor de sua própria iniciativa, as crianças, em sua maioria, preferem assistir a mais um programa de TV a ir para a cama. E elas podem acabar caindo no sono na frente da TV. Nesse caso, não é possível realizar um ritual da hora de ir para a cama.

- *Internet.* A televisão, pelo menos, tende a fazer com que um telespectador cansado pense em dormir. Mas as salas de bate-papo interativas (*chats*) e o envio e recepção de *e-mails* são atraentes e mantêm as crianças despertas, o que pode tornar mais difícil o seu relaxamento para a hora de dormir.

- *Lição de casa.* Nos dias de hoje, as crianças têm mais lição de casa do que as crianças das gerações anteriores. Combinadas com atividades extracurriculares, as lições de casa empurram as horas ativas cada vez mais para dentro da noite.

- *Pais que trabalham.* Alguns pais que trabalham nos contam que perdem com isso a oportunidade de passar mais tempo com os filhos, o que os impede de ficarem juntos até mais tarde da noite. Eles podem se sentir culpados por mandar os filhos para a cama antes que eles queiram dormir. Infelizmente, os pais estão perdendo com isso uma das maneiras mais importantes de se ligar com os seus filhos.

- **Pais cansados.** Vamos encarar este fato: quase todos nós estamos cansados no final do dia, mesmo que não estejamos sobrecarregados de atividades programadas. Precisamos de um esforço suplementar para ler, conversar, cantar ou contar histórias para uma criança numa ocasião em que o nosso corpo e a nossa mente estão dizendo: "Chega!"
- **Pais carentes de autoridade.** Isso nos leva de volta à falta de um horário de dormir estruturado. A maioria das crianças não aceitará voluntariamente que se estabeleça um horário regular de ir para a cama, e sem esse horário regular fica difícil realizar um ritual. Para fazer o ritual da hora de dormir funcionar, os pais precisam impor aos filhos um horário de irem para a cama, que deverá ser metodicamente obedecido, um exercício coerente de autoridade, o que muitos pais contemporâneos acham difícil de fazer. Ironicamente, quando você exercita uma autoridade confiante nessa área, as crianças tendem a cooperar por conta própria, e até mesmo a gostar disso, de modo que os horários de ir para a cama não parecem uma demonstração de poder exercida pelos pais.

Quando é Ruim, é Medonho!

Para os pais de Bobby, não era um problema o fato de eles terem uma família sobrecarregada de atividades programadas, mas eles exemplificam o problema dos pais inseguros, que não são capazes de reger com a sua batuta o horário de dormir do filho. Na verdade, eles nunca haviam estabelecido uma rotina de horário de dormir para o garoto de 5 anos de idade, deixando que ele ficasse acordado como uma criança em idade pré-escolar, que ainda está aprendendo a andar, até que ficasse com sono e quisesse ir para a cama. Agora que Bobby está começando uma atividade programada no período da manhã, no jardim de infância, seus pais queriam criar uma rotina de horário de dormir. Antes disso, os dois às vezes liam para ele à noite, no sofá da sala de estar, mas agora eles queriam ter um verdadeiro horário de dormir, com conversas e leituras na cama. Além disso, queriam que Bobby dormisse o bastante para estar bem-disposto no jardim de infância.

Bobby não aceitava nada disso. Um autêntico negociador aos 5 anos de idade, ele acreditava que tinha um direito constitucional de permanecer acordado até que decidisse ir para a cama. Afinal, em sua pouca idade, ele não conhecia muito mais do que isso. Ele negociava todas as noites. Às vezes, queria terminar de assistir a um vídeo favorito. Outras vezes, queria continuar a brincar com um videogame ou com os seus brinquedos. Ele choramingava dizendo que não estava cansado. Tinha explosões de raiva e se recusava a escovar os dentes e a colocar o pijama. Quando a mãe conseguia colocá-lo na cama, nenhum deles estava mais com disposição para uma história ou uma conversa tranquila. Quando finalmente ia para a cama, ele geralmente saía do quarto e pedia um lanche ou um copo de leite. A cena toda podia durar horas.

A mãe de Bobby era mais insistente em estabelecer um horário para dormir do que o pai — e Bobby sabia disso. Ele passava mais tempo bajulando o pai, que raramente era o "homem mau" capaz de cometer o ato sórdido de levá-lo para a cama. Quando a mãe não estava disponível à noite, o pai não forçava um horário para dormir. Quando Bobby saía do quarto para pedir alguma coisa para comer ou beber, o pai dava a ele se a mãe não estivesse por perto para dizer não. Você pode imaginar como a mãe estava ficando frustrada.

Não é que o pai de Bobby fosse um pai que não soubesse cuidar do seu filho. Apenas ele era um "pai pacifista", um pai que não queria ser autoritário como o próprio pai dele fora. Ele via poucos motivos para terminar o dia com uma luta pelo poder que perturbaria a todos. Finalmente, a mãe desistiu de tentar estabelecer para Bobby um horário regular de ir para a cama, eliminando assim a possibilidade de um enriquecedor ritual da hora de dormir. Saber que a hora de dormir está chegando, com tanta certeza como se sabe que o sol se põe no Ocidente, motiva as crianças a querer aproveitar o máximo dessa hora ligando-se aos pais. Deixadas entregues aos próprios esquemas, as crianças, em sua maior parte, decidem a cada dia se querem continuar acordadas fazendo as suas próprias coisas ou se querem ir para a cama e passar um tempo especial com os pais. E se elas têm de decidir a cada dia, então se ressentirão com os esforços dos pais para criar uma estrutura regular. Negociações negativas e conflitivas irão se seguir a isso a cada noite, e a possibilidade de um ritual significativo da hora de dormir desaparecerá. Você tem de estar no comando para fazer com que o tempo da família funcione para você e seus filhos.

Quando é Bom, é Muito, Muito, Bom

Há várias maneiras de fazer dos rituais da hora de ir para a cama um acontecimento importante da vida familiar. Nós queremos contar a você como fizemos com os nossos filhos, e como algumas outras famílias também fazem. Na família de Barbara, a hora de ir para a cama começava com "O último que subir é um ovo podre!" Era uma corrida louca que se precipitava escada acima, em que as quatro crianças e os dois pais se amontoavam dando risadas no topo da escada. Aninhando-se perto um do outro, cada pessoa, adulto ou criança, compartilhava uma coisa boa que havia acontecido naquele dia e uma coisa ruim. (Barbara adorava essa maneira de fazer *check-in* com cada criança; elas, com freqüência, compartilhavam na hora de dormir as coisas "ruins" que não haviam compartilhado antes.) Em seguida, eles cantavam uma canção para cada criança, especialmente composta para cada criança pelo pai, Sam. Depois, vinha uma prece simples e um pedido de bênção para membros específicos da família e amigos. E eles terminavam lendo um livro e cobrindo cada criança na cama. Era um ritual de superabundância que colocava uma coroa sobre o dia.

Na família de Bill, ele estava no comando do ritual da hora de dormir, que era realizado com cada uma das crianças quando iam para a cama. Sua mulher ficava contente por ganhar uma pausa no trabalho com as crianças, e Bill gostava do tempo que passava a sós com cada uma delas. Havia um horário de dormir estabelecido, que gradualmente avançava na noite à medida que as crianças iam crescendo. Quando elas eram pequenas, a hora de dormir começava com banhos às 7h30 da noite, seguidos por vestir o pijama e um beijo de boa-noite da mãe. A conversa na cama sempre começava com Eric, o mais velho, mas Elizabeth às vezes prestava atenção ao relógio para marcar quanto tempo o pai gastava com Eric, para ter certeza de que o pai passaria o mesmo tempo com ela! Às vezes, Bill lia uma história, mas na maioria das vezes ele e as crianças apenas conversavam ou brincavam de bobo e esconde-esconde debaixo das cobertas ou cantavam canções. Ele se lembrou de que Eric, numa certa idade, estava com medo de assaltantes, e fingia que o pai era um assaltante a ser abatido com pancadas (um exercício mais ativo do que o normalmente recomendado para a hora de dormir). Com Elizabeth, que podia às vezes ser uma criança da "oposição", ele se lembra de terem cantado juntos a música dos Beatles *Hello, Goodbye*. Às vezes, as crianças falavam sobre o que as estava perturbando, e às vezes falavam sobre religião ou a teoria do *big-bang* e a origem do universo. Essas conversas na hora de dormir eram o ponto alto do dia na casa dos Doherty.

Note que os rituais da hora de ir para a cama de ambas as famílias eram regulares e previsíveis. É claro que algumas vezes havia conflitos e brigas, mas na grande maioria das vezes eles eram pacíficos. Como pais, nós nunca usamos essas ocasiões para conversas disciplinares, e as crianças aprenderam a seguir com a correnteza em vez de pedir privilégios especiais que elas sabiam que não lhes seriam concedidos (como alimentos extras ou deixar o quarto). A seguir, há mais histórias de rituais da hora de dormir, contadas com as palavras dos próprios pais. A primeira é de Sally.

> O segredo do sucesso da nossa hora de dormir era realmente simples. Desde a época em que os garotos eram bebês, nós lhes dávamos banho às sete horas da noite, e o jantar era logo antes da hora de dormir. À medida que cresciam, o banho se transformou num banho mais livros (com o tempo para qualquer um deles contado até cerca de vinte a trinta minutos de leitura). Nós o mantínhamos simples e coerente. Sempre tivemos uma hora de dormir, e quase sempre (exceto nas férias) nos mantivemos coerentes com ela. Os garotos não pareciam se importar com isso.
>
> Na verdade, agora que o meu filho mais velho está com 15 anos, ele gosta de ir dormir num horário razoável, e freqüentemente vai para a cama no mesmo horário todas as noites por vontade

própria. Meu filho mais novo (de 12 anos) ainda tem uma hora de dormir estabelecida, e eu acho que ele vê isso como uma espécie de santuário, um tempo reservado para ele poder relaxar e ler. Nós temos conversado sobre restabelecer a leitura em voz alta para a sua hora de dormir... ainda não sabemos se vamos ler para ele ou se ele vai ler para nós... mas acho que recomeçaremos isso neste outono.

Observem o poder do "simples e coerente", e vejam também como a família se adaptou à medida que as crianças ficavam mais velhas. Regularidade e flexibilidade — essa é a marca registrada de uma família que usa bem o seu tempo. A próxima história vem de Lori, que também fala de coerência e acrescenta a idéia de evitar o problema comum das crianças excessivamente cansadas.

Nós também temos tido uma rotina simples de horário de dormir. Costumamos começar uma hora antes da verdadeira hora de dormir (exceto quando temos visitas, ocasiões especiais ou férias especiais). Nós damos banho, assistimos juntos a alguns dos seus programas favoritos (especialmente *Arthur*), preparamos um pequeno lanche na mesa de café, e então lemos no sofá durante a última meia hora. A parte mais importante é que ficamos juntos tranqüilamente por um período antes de eles irem para a cama. Com o verão, o horário de dormir é mais tarde, e nós em geral acabamos ficando sem muito tempo (nunca queremos entrar quando estamos fora), mas ainda preparamos banhos, lanches e leituras para manter as coisas coerentes. Eles sempre vão direto para a cama e dormem. Os pesadelos nunca foram um problema, e eu gosto de pensar que é porque temos sido tão cuidadosos em manter as coisas coerentes antes de ir para a cama. Eu sei que poderia contar nos dedos de uma das mãos o número de vezes que os deixamos ficar muito cansados. Eu acho que isso também é importante.

Lori ajusta o tempo e a duração do ritual do horário de ir para a cama com o horário de verão, mas mantém a sua estrutura básica. A seguir, Nancy descreve o poder que as histórias contadas na hora de dormir exercem sobre as crianças pequenas.

Minhas filhas têm 20 e 17 anos, e nós sempre tivemos rotinas para a hora de dormir. Quando elas eram mais jovens, havia banhos, lanches, livros e o aconchego em cobertores. Eu começava pelo menos uma hora antes do horário de dormir, quando elas ainda estavam aprendendo a andar, porque elas adoravam brincar na banheira. Quando ficaram mais velhas e passaram a tomar banho sozinhas, eu ainda tentava ficar por perto, recolhendo a roupa usada e arrumando os quartos de dormir. Nós íamos com freqüência à biblioteca e sempre havia uma porção de novos livros com figuras para ler, assim como nossos velhos favoritos. Quando elas ficaram mais velhas, nós passamos para livros com capítulos, mesmo quando ambas já conseguiam ler sozinhas. Uma das suas histórias de família favoritas ocorreu quando nós lemos o último capítulo de Where the Red Fern Grow [Onde Cresce a Samambaia Vermelha]. Eu chorava enquanto lia o último capítulo da história, e as duas começaram a soluçar. O pai delas gritou do primeiro andar: "O QUE está acontecendo aí em cima?" "Ah, Papai, esta história é tããããão boa." Um dos meus melhores momentos de "mãe" foi quando minha filha mais velha me contou que, quando ela lê para si mesma, "ouve" a minha voz. Não é ótimo?

De fato, essa é uma das melhores coisas que um pai ou mãe poderia ouvir. Com freqüência, as vozes dos pais em nossa cabeça são vozes que nos pedem para lembrar alguma coisa, que importunam, que repreendem. Mas a filha de Nancy leva consigo a suave e hipnótica voz de leitura da mãe. Nancy prossegue, falando sobre a importância de aconchegar nos cobertores as crianças mais velhas.

Quando elas ficaram mais velhas e atarefadas, nós paramos de ler em voz alta, mas eu continuei a cobri-las, a ajeitar os cobertores, dar um beijo de boa-noite, e recitar os versos:

Good night sleep tight,
See you in the morning light
I love you sweet potato.

[Boa noite, sono ferrado,
vejo você na luz da manhã
eu te amo, batata-doce.]

Quando elas eram pequenas, pediam outras hortaliças, como por exemplo "eu te amo, minha cabecinha de repolho" ou "meu tomatinho-cereja". Nós tivemos uma estudante intercambista alemã que morou conosco durante um ano, e ela adorava toda a rotina de aconchegar as meninas em cobertores. (Ela sempre dizia apenas boa-noite para a sua mãe e ia para a cama.) Todas as noites, eu ouvia o seu sotaque alemão cantarolando: "Nancy, eu estou pronta para ser aconchegada nos cobertores agora". O ato de cobrir as crianças na hora de dormir lhes dá uma oportunidade de conversar a respeito do que se passa em sua mente, e conversar sobre pequenas mágoas que aconteceram durante o dia na escola ou entre nós. Eu deveria ter planejado mais tempo para esse ato de aconchegá-las nos cobertores quando elas se tornaram adolescentes, porque nós geralmente ficávamos acordadas até muito tarde conversando. Acho que a rotina da hora de ir para a cama ajudou-me a atravessar com sucesso os seus anos de adolescência tanto quanto me ajudara nos anos em que elas ainda estavam aprendendo a andar.

A seguir, nós ouvimos Sue, que descreveu como ela e o seu marido recuperaram um ritual da hora de ir para a cama quando a filha deles se tornou adolescente. Ela também notou o que se perdia quando eles não faziam o ritual.

Quando as crianças eram mais jovens, meu marido lia para uma delas em sua cama, enquanto eu lia para a outra. Quando minha filha ficou mais velha, ela queria ler os seus próprios livros para si mesma, e então nós simplesmente paramos de passar esse tempo com ela. Nós perdemos alguma coisa! Meu filho está agora com 10 anos, e fará tudo para estar pronto para a hora de dormir para que nós possamos ler o próximo capítulo e passar esse tempo juntos. Quanto à minha filha, agora com 13 anos, nós podemos não ler mais para ela, mas nos estendemos na cama perto dela com o nosso próprio livro. Nós ficamos um bom tempo tranqüilas juntas, ela não se sente deixada de lado, e nós geralmente terminamos conversando sobre alguma coisa. Se nós estivemos muito ocupados numa noite e os mandamos para a cama apenas com alguns abraços e beijos, eles sempre saem da cama para nos contar alguma coisa.

Há uma porção de bons materiais aqui para entender o ritual da hora de ir para a cama e o desenvolvimento da criança. Repare como o filho de Sue, de 10 anos de idade, quer avançar para o próximo capítulo de uma história que prende a atenção, juntamente com a ligação emocional que acompanha a leitura. Para a sua filha de 13 anos, Sue e o marido foram criativos em descobrir um novo ritual para a hora de dormir. Ler na cama ao lado da filha permite a proximidade, mas também a liberdade de conversar ou não conversar. Com essa liberdade garantida, ela normalmente conversa. E Sue aponta para o que acontece quando a noite termina sem o ritual da hora de dormir. Existem atividades não terminadas do dia, tensões não processadas que emergem de outras maneiras.

Reserve Tempo para o Ritual da Hora de Dormir

Vamos apresentar juntas as mensagens de levar-as-crianças-para-a-cama que nós queremos transmitir sobre o ritual da hora de dormir. (As "Dicas para Divertidos e Tranqüilizadores Rituais de Família para a Hora de Dormir" podem ser encontradas no boxe da página 75).

• *Crie um horário regular de ir para a cama e cumpra-o.* Não discuta sobre esse horário todas as noites. Torne-o parte inevitável da vida dos seus filhos e uma rotina noturna da família. Se você ainda não criou uma rotina para a hora de dormir, faça uma reunião com a família e converse sobre isso, dando suas explicações e estabelecendo um plano. E permaneça com esse plano durante o tempo suficiente para fazê-lo funcionar; se necessário, faça reuniões familiares adicionais para reforçar a sua intenção de continuar com ele. Congratule os seus filhos relutantes na manhã seguinte se eles tiverem cooperado na noite anterior. Uma vez que você estabeleça a rotina, mesmo que seja difícil, a recompensa irá começar a ocorrer tão logo você realize esse ritual de ligação. Mas você precisa ter perseverança.

• *Passe pelo menos trinta minutos esfriando os ânimos das crianças antes da hora de dormir.* Isso pode acontecer com um banho, um lanche ou um período tranqüilo. Deixe seus filhos saberem de antemão que logo chegará a hora de começar a preparação para a hora de dormir, em vez de saltar de súbito sobre eles quando estiverem no meio de alguma outra atividade. Por exemplo: "Jonathan, lembre-se de que daqui a pouco nós temos de começar a nos aprontar para dormir".

• *Pense devagar.* Os rituais da hora de dormir são um período para esfriar os ânimos num mundo em alta velocidade. Reserve tempo suficiente para completar a rotina num compasso vagaroso.

• *Envolva o seu filho na escolha das atividades de ligação que tornam o ritual especial:* livros para ler, coisas para conversar a respeito, outras atividades tranqüilas para realizar.

• *Evite trazer à tona assuntos disciplinares.* Nem sequer mencione assuntos logísticos como o revezamento de carros para levar as crianças nas atividades programadas. Deixe esses assuntos para outra ocasião. Da mesma maneira, ensine os seus filhos a respeitar o tempo do ritual e não fazer pedidos de compras de coisas para consumir ou não pedir permissão para realizar atividades especiais. Apenas diga a eles que esses assuntos podem esperar até amanhã porque agora você está fazendo coisas para a hora de dormir. Respeite os rituais como um tempo em que se está livre das ocupações e das atividades febris do dia-a-dia.

• *Faça o ritual de modo que ele seja longo o suficiente para permitir um contato prazeroso e significativo com o seu filho.* Mas mantenha-o curto o bastante para que você consiga administrá-lo juntamente com as suas próprias responsabilidades noturnas.

• *Depois que você já deu um beijo de boa-noite nos seus filhos, não permita que eles deixem o quarto a não ser que alguma coisa esteja obviamente errada.* Certifique-se de que eles já foram ao banheiro. Sem mais lanches. Sem mais perguntas que possam esperar até amanhã. Se os seus filhos deixarem o quarto, coloque-os de volta na cama, tranqüilamente, mas com firmeza. Sem gritos da sua parte, o que iria apenas estimular as crianças e dar a elas uma atenção desnecessária e negativa.

• *Não insista para que o seu filho durma imediatamente.* Adormecer é uma coisa involuntária, e você não ganhará essa luta pelo poder. Você pode insistir para que o seu filho fique na cama com as luzes apagadas. No caso do filho de Bill, Eric, que não precisava de muito sono, o menino recebeu a permissão de brincar tranqüilamente em seu quarto até que se sentisse pronto para dormir.

- Numa família com pai e mãe, coerência é o nome do jogo. Certifique-se de que vocês dois estão de acordo em relação às regras da hora de ir para a cama. Além disso, qualquer um dos pais deve ser capaz de realizar o ritual da hora de ir para a cama. É um erro deixar apenas um dos pais encarregado de administrar o horário de dormir. O outro (geralmente o pai) perde a ligação íntima com as crianças, e o programa da família é jogado fora se o elemento-chave, o pai ou a mãe, não estiver disponível.

- Numa família de pai solteiro ou mãe solteira, o jogo também é sobre coerência. Nós sabemos que é difícil obter energia para realizar, todas as noites, o ritual da hora de ir para a cama. Mas os lucros para amanhã e para o futuro fazem esse investimento valer a pena. Você os alimenta todas as noites, independentemente de como você se sente. Na medida do possível, faça a mesma coisa com o ritual da hora de ir para a cama.

- O padrasto ou a madrasta deve proceder com leveza ao impor um horário de dormir. Veja se você consegue lentamente acompanhar a liderança do seu parceiro conjugal durante o ritual da hora de ir para a cama. Sente-se por perto e fique escutando durante a leitura do livro, e em seguida se ofereça para ler também. Acompanhe a maneira como a criança dirige a leitura e o seu nível de conforto, mas tente introduzir lentamente nos rituais da hora de ir para a cama. Isso o ajudará a criar um vínculo com eles e adicionará coesão a toda a família.

- Se você precisa ficar fora da cidade regularmente, considere a possibilidade de fazer uma ligação telefônica programada na hora de dormir do seu filho, para se ligar com ele. Você pode recapitular as coisas boas e ruins que aconteceram naquele dia. A mesma coisa vale para um pai não residente, que pode ligar para os filhos na hora de dormir se houver um acordo sobre isso com o pai residente.

- Seja criativo. Exceto no que se refere aos princípios gerais de coerência e de conexão, não há regras fixas a respeito de como fazer o ritual da hora de ir para a cama. Repare como os nossos próprios rituais da hora de dormir — o de Barbara e o de Bill — são muito diferentes, e mesmo assim funcionaram lindamente em nossas famílias.

Neste livro, nós focalizamos, em primeiro lugar, as refeições e o horário de dormir porque esses são os ingredientes cotidianos da vida em família. Nós precisamos comer mais de uma vez por dia, e nós precisamos dormir todos os dias. A vida em família gira toda ao redor desses ritmos diários que compartilhamos com outros mamíferos e seus filhotes. Não existe ritual mais poderoso na vida familiar do que trocar as últimas palavras do dia, o último beijo, o último "eu te amo", o aconchegar final das crianças nos cobertores, quando o sol desaparece e nós entramos no mundo do sono e dos sonhos.

Dicas para Divertidos e Tranqüilizadores Rituais de Família para a Hora de Dormir

- Tente ter uma conversa na hora de dormir com cada criança ou com toda a família.
- Faça preces todas as noites se isso fizer parte da sua fé.
- Um brinquedo fofo favorito ou um cobertor dá às crianças um sentimento de segurança. Uma estudante de colégio compartilhou o fato de que o ursinho Pooh iria para a universidade com ela.
- Faça da hora de escovar os dentes todas as noites um evento familiar.
- Leia um livro favorito antes de ir dormir.
- Com crianças mais crescidas, leia um capítulo de um livro especial a cada noite. Elas ficarão ansiosas para saber o que acontecerá a seguir.
- Faça um ritual do lanche na cama (leite quente com *marshmallows*, chocolate quente, bolachas com figuras de animais etc.).
- A hora do banho pode ser criativa com creions de sabão e brinquedos flutuantes, que só podem ser usados durante os banhos noturnos.
- Reserve tempo para escovar os cabelos da sua filha.
- Faça da sua cadeira de balanço o trono da hora de dormir e cante canções junto das crianças.
- Deixe cada criança pedir a sua canção favorita.
- Tente modos diferentes de dar beijos de boa-noite. Por exemplo, esfreguem os narizes para um beijo de esquimó, pisque seus cílios na bochecha da criança para um beijo de borboleta, cantarole o tema de Batman quando você for dar um beijo de Batman, ou dê um beijo bastante demonstrativo do que é um beijo de dinossauro.
- Se você não puder estar em casa na hora de dormir, telefone e envie um teleabraço para cada criança.

· 5 ·

Nada de Horários Programados!
A Recuperação do Tempo Ocioso

Nós já contamos a história da garota de 6 anos de idade que chorava à espera de que sua mãe a pegasse na escola. A garota ansiava apenas por estar em casa, mas, em vez disso, estava enfrentando uma maratona de viagens de automóvel e de atividades, não apenas as suas, mas também as dos seus irmãos e irmãs. Veja você, mesmo que cada criança não esteja individualmente sobrecarregada de atividades programadas, a soma total das atividades programadas pode colocar cada um dos membros da família à beira de um ataque de nervos. Os pequeninos não podem ficar em casa, por isso precisam locomover-se até os eventos de que os seus irmãos ou irmãs estão participando. Cada irmão ou irmã se soma exponencialmente à tensão. As famílias da atualidade, sofrendo com a escassez de tempo, carecem de oportunidades para "todos juntos desfrutarem um tempo livre" em casa e na vizinhança.

Para aqueles de nós que cresceram na era que antecedeu o planejamento diário das atividades, reunir-se para aproveitar um período de lazer tinha um caráter misto: por um lado, viam nessa reunião uma atividade da infância. Todos nós conhecemos crianças que não eram ativas o suficiente nos esportes e nos jogos, que assistiam excessivamente à televisão, que pouco mais faziam exceto desfrutar o tempo livre em algum local favorito, especialmente no verão. Por outro lado, um grupo de adolescentes que se reunia ociosamente numa esquina sugeria a impressão de que eles não estavam produtivamente engajados e poderiam causar confusões. Nos dias de hoje, é tentador para os adolescentes assistir à MTV por horas e horas, ou interagir com outras pessoas principalmente pela internet, e não se envolver o suficiente na escola e em outras atividades comunitárias.

Ao longo dos últimos quinze anos mais ou menos, tem chegado aos pais e aos líderes comunitários o alerta de que as crianças e os jovens precisam fazer alguma outra coisa além de desfrutar encontros ociosos em seus locais favoritos. Eles precisam de estímulo, de atividades estruturadas que os envolvam com outros jovens e com adultos que se preocupam com a família e com a comunidade. Há boas pesquisas para dar apoio à sabedoria dessa idéia. Mas o problema é que muitos de nós levam a mensagem longe demais: se um número moderado de atividades estruturadas é uma coisa boa para as crianças, então ter mais atividades deve ser ainda melhor. Vamos mantê-los superocupados para que eles não se metam em confusões.

Não tenha dúvida: ainda existem crianças e adolescentes que não estão envolvidos o suficiente em atividades estruturadas fora de casa, que perdem o enriquecimento que a escola, a comunidade da fé e outras organizações comunitárias podem oferecer. Por outro lado, é igualmente típico o fato de que essas crianças também não têm uma vida rica em casa. As crianças que estão em apuros com excesso de tempo ocioso são aquelas que passam muito pouco tempo com os pais, irmãos e irmãs, e não apenas muito pouco tempo em atividades estruturadas. Uma vida familiar rica e uma vida comunitária rica caminham de mãos dadas. O desafio é encontrar o equilíbrio, e na atual geração de pais pode-se reconhecer facilmente que o lado mais negligenciado é o da família.

A Arte Perdida de Desfrutar o Tempo Livre como uma Família

Por desfrutar o tempo livre nós queremos dizer estar por perto de casa sem um programa de atividades. Muitos de nós nos lembramos disso como o fundamento da nossa infância. Num fim de semana ou num dia de verão, nós imaginávamos o que fazer sozinhos ou com nossos irmãos ou irmãs, amigos e pais. Tínhamos brinquedos, livros, jogos e esportes para escolher. Tínhamos de desenvolver a habilidade de atrair outras crianças para brincar com o que nós queríamos brincar, ou de nos certificar de que tínhamos um estoque de livros da biblioteca para ler numa tarde chuvosa de verão. Para a família de Bill, os domingos eram geralmente ocasiões para todos desfrutarem juntos, em família, sem atividades programadas, com a igreja de manhã e o estar por perto de tarde e de noite. Ele se lembra das tiras de quadrinhos dos jornais, os jogos de beisebol do Philadelphia Phillies na televisão (ou no próprio estádio), e às vezes um passeio de carro no domingo ou uma visita aos parentes. As noites dos dias de semana envolviam uma combinação de lições de casa com o simples ato de ficar por perto (com muito pouca televisão) até a hora de dormir. Divertimentos especiais eram as ocasiões em que jogávamos jogos de família, como Sorry. Além dessas ocasiões em que Bill desfrutava o tempo livre com a família, os dias em que não havia aula eram preenchidos com gostosas brincadeiras com os seus amigos na Belmar Street, na Filadélfia, fora do alcance da vista e dos sons dos seus pais.

Na família de Barbara, a melhor ocasião para desfrutarem juntos do tempo livre era quando "subiam para o norte". Em Minnesota, muitas famílias tinham cabanas na parte setentrional do estado, onde estavam em contato com a natureza nas margens de um dos quinze mil lagos do estado. O verão significava fins de semana e várias semanas com a cabana cheia de momentos espontâneos e não-estruturados de tempo em família. A cabana não tinha telefone nem televisão, a água vinha do lago, e o "banheiro" ficava no fim de um caminho de mato e lama. Barbara e seus irmãos e irmãs passavam as horas brincando na água, visitando os avós duas casas adiante, perseguindo sapos, lendo e pescando. O dia girava em torno de longas refeições vagarosas, sempre divididas com os tios, tias, primos e avós.

Nas famílias altamente programadas de hoje, muitas crianças e pais parecem ter perdido a capacidade de desfrutar juntos o tempo ocioso. Desacostumadas a se entreter, as crianças se queixam de estar entediadas, e os pais se sentem responsáveis pelo seu entretenimento. As crianças rejeitam as recomendações dos pais "diretores de recreação", ficam inquietas e irritadiças, e se atiram em atividades que exigem pouca inteligência ou concentração, como assistir à televisão ou navegar na internet. (Alguns educadores lamentam o fato de que a televisão moderna tem aumentado as expectativas de entretenimento das crianças pequenas com a mudança constante de materiais que prendem a atenção.) Os pais, odiando ver os filhos nesse estado de letargia, resolvem mantê-los mais ocupados no futuro.

É claro que nós, adultos, também somos parte desse problema. Estudos mostram que a maioria dos adultos americanos que estão criando filhos se sente apressada durante a maior parte do tempo. Quase todas as invenções que nos poupam tempo acabam nos custando tempo. Considere, por exemplo, o automóvel: nós viajamos muito mais depressa do que nos dias dos cavalos que puxavam carros leves de duas rodas, mas então assumimos compromissos por toda a cidade e temos menos tempo para desfrutar horas ociosas com a família. Aviões nos conduzem com incrível rapidez, mas então passamos mais tempo longe de casa. Um telefone celular significa que podemos coordenar com precisão nossas tarefas programadas. O e-mail permitiu que o trabalho invadisse a vida doméstica.

Se não formos cuidadosos, perderemos a nossa capacidade de simplesmente estar em casa com a família. Como acontece quando raramente usamos um músculo, perderemos a imaginação sobre o que poderíamos fazer com os nossos filhos e o que eles poderiam fazer por conta própria. Nossos filhos perderão a criatividade especial que surge quando se dispõe de muito tempo para sonhar, imaginar e inventar coisas para fazer. E crescerão sem sequer chegar a ter lembranças nostálgicas de tempos que eram vagarosos o bastante para lhes permitir desfrutar a família e a vizinhança.

Estar por Perto sem Atividades Programadas

O que é tão importante no que se refere a desfrutar ociosamente o tempo junto com a família? O que isso proporciona é a oportunidade para o relacionamento espontâneo. Você pode estar fazendo coisas em diferentes quartos da casa, e então o seu filho vagueia até a cozinha ou a garagem, onde você está casualmente realizando uma pequena tarefa doméstica ou trabalhando num *hobby*. Vocês dois poderiam iniciar uma conversa enquanto o seu filho o observa trabalhar, ou você poderia convidá-lo a ajudar a assar biscoitos ou cortar madeira. Todos nós sabemos como esses momentos podem ser importantes. Se você está muito apressado ou se é o seu filho que está com pressa para ficar pronto para o próximo evento programado, então essas conexões espontâneas não acontecem.

O tempo livre para ser desfrutado pode levar a um jogo. Este pode ser um jogo de tabuleiro ou um jogo de bola, qualquer um deles acompanhado por uma sensação de liberdade, de estar livre de uma atividade programada. Há nos jogos o ingrediente único de colocar os pais e as crianças no mesmo nível durante certo tempo, cooperando ou competindo ludicamente como iguais. Pontos marcados contra os pais são uma fonte de alegria para uma criança, que com freqüência está na extremidade inferior da escala de autoridade. Os pais podem puxar os próprios cabelos e agir como tolos, cometer erros ou até mesmo fingir que estão competindo ferozmente. Nada disso acontece com uma sensação de urgência de tempo. Você nunca diz: "Pegue o jogo Monopólio e monte-o rapidamente; nós estamos com uma programação de horários apertada!"

Desfrutar o tempo livre como uma família também significa que as crianças têm de aprender a se relacionar com os irmãos e irmãs. A maior parte das atividades comunitárias estruturadas é estabelecida por grupo etário, mas viver numa família geralmente significa lidar com irmãos ou irmãs (e primos) que não têm a sua idade e não compartilham necessariamente os mesmos interesses e habilidades. Irmãos e irmãs deixados entregues a si mesmos para aproveitar juntos o tempo ocioso são forçados a se entreter mutuamente. Crianças mais velhas ensinam coisas para as mais novas; as mais jovens bajulam as mais velhas para que as deixem participar de atividades que estão "acima" do seu *status*. Irmãos e irmãs têm de resolver diferenças. É claro que isso significa mais potencial para conflitos entre as crianças e *stress* para os pais. Mas as recompensas a longo prazo para os relacionamentos entre irmãos e irmãs valem o desafio.

O tempo livre para desfrutar ociosamente traz consigo a oportunidade de as crianças brincarem com outras crianças da vizinhança. A ausência de crianças com as quais os nossos filhos possam brincar espontaneamente é um dos tristes resultados de crianças superprogramadas em atividades estruturadas. Em muitas vizinhanças, não há ninguém com quem se possa brincar nas tardes, nos começos de noite, nos feriados ou nos verões. Isso força muitos pais a sobrecarregar os próprios filhos para que eles possam estar com outras crianças. Porém, se um grupo de pais decide ter mais tempo não programado, as crianças se encontrarão entre elas e experimentarão o tipo de atividades lúdicas criativas que só se manifestam quando elas têm o tempo nas mãos e a imaginação para preenchê-lo. Bugs Peterschmidt conta a história das crianças da vizinhança que se reuniam para pular sobre montes de folhas caídas e se afundar nelas. Algumas crianças ainda vendem limonada em bancas na calçada durante as tardes quentes de verão. Estas são atividades geradas por crianças, com mínima supervisão de adultos, e que só acontecem quando as famílias reservam um tempo livre para os filhos desfrutarem juntos em casa.

O tempo para o desfrute ocioso também fornece oportunidades para as crianças compartilharem algumas das responsabilidades da família. Muitas famílias, propositadamente, convertem as pequenas tarefas domésticas em brincadeiras e jogos. Certo verão, Barbara estava frustrada com a quantidade aparentemente interminável de coisas que ela precisava fazer na casa e no quintal e com os seus filhos vagueando ociosos à espera de que as pequenas tarefas domésticas deles também viessem a ser feitas. Certa manhã, as crianças foram bruscamente despertadas pelo toque da alvorada e logo se defrontaram com a mãe, apito na mão, dando a eles as boas-vindas a Camp Carlson! Um grande quadro com as obrigações se apresentou, acompanhado pela promessa de que em breve, depois que todas as tarefas fossem feitas, uma divertida atividade a ser escolhida por eles preencheria a tarde. As crianças gostaram de competir umas com as outras enquanto faziam as suas pequenas tarefas, e a família ganhou uma casa limpa sem nenhum choro nem lamúria. As tardes foram desfrutadas na praia, no zoológico e no parque. Barbara não soube que impacto essas atividades exerceram sobre os seus filhos até muitos anos depois, quando eles, já crescidos, confidenciaram para ela que tinham orgulhosamente compartilhado Camp Carlson em suas aulas sobre desenvolvimento e educação da criança na escola.

Finalmente, o tempo para desfrutar ociosamente significa tempo de estar disponível para companhia e para visitar parentes e amigos. Houve uma época, não muito distante, em que as famílias, espontaneamente, visitavam umas às outras à noite e nos fins de semana. Supunha-se que a maioria das pessoas estivesse em casa e que daria boas-vindas à companhia. Antes dos telefones, havia poucas alternativas à retribuição de visitas, e mesmo depois dos telefones, não era considerado necessário, em muitas comunidades, avisar por telefone que se faria uma visita. Aqueles dias, no entanto, já se foram; conselheiros em conduta social insistem hoje que se deve telefonar antes da visita. Porém, atualmente, a maioria de nós nem sequer pensa em telefonar para perguntar à outra família se podemos visitá-la, ou se ela gostaria de vir nos visitar, pois supomos que ela esteja muito ocupada. (Alem disso, estamos mais orientados para o isolamento do que qualquer outra geração na história.) O nosso ponto de vista é que o tempo para uma família desfrutar, enquanto família, um bom programa com todos juntos, se conhecemos outras famílias que estão fazendo o mesmo, leva em consideração possibilidades de relacionamentos comunitários que não precisam ser marcados com semanas de antecedência. Na história que segue, note que os membros da família colheram benefícios tanto para si mesmos como para os seus relacionamentos com os membros de outra família depois de tomar a decisão de dedicar mais tempo, no verão, para desfrutar bons momentos juntos.

Claire e sua família decidiram escolher um verão e desligá-lo das atividades externas para ver como era desfrutar ociosamente o tempo como uma família. Isso ocorreu depois de muitos anos de esportes, escotismo e outras atividades. Sua filha de 12 anos de idade, uma ginasta talentosa, estava particularmente atarefada o ano todo. Por que um verão sabático? Claire e seu marido haviam se envolvido em conversas, em sua comunidade, a respeito do problema de crianças sobrecarregadas de atividades programadas e de famílias insuficientemente coesas. Então, eles escutaram com mais atenção a filha, que às vezes mencionava que perdia os jantares com a família por causa de sua prática de ginástica. Com outro verão frenético se aproximando, Claire e seu marido decidiram tentar uma coisa radical: um verão sem nenhuma atividade externa com exceção da sinagoga e do cuidado necessário com as crianças.

O resultado foi iluminador. Pela primeira vez desde que Claire podia se lembrar, a família conseguia jantar unida todas as noites, terminando com uma conversa sobre o que eles poderiam fazer naquela noite. E eles o faziam à medida que aproveitavam o verão, às vezes saindo para dar caminhadas, às vezes jogando jogos, às vezes praticando atividades isoladas. Houve um desenvolvimento ainda mais surpreendente. Um membro de uma família amiga teve um grave problema de saúde, e Claire, seu marido e os filhos foram capazes de passar muitas noites na casa desses amigos, os pais conversando com os adultos e as crianças brincando juntas. Claire mencionou que esse tipo de ligação entre as famílias teria sido impensável durante uma programação normal de verão. Quando o outono veio, a família conversou sobre a sua programação do ano. As crianças voltaram a se envolver em algumas das suas atividades favoritas, mas com menos intensidade e mais oportunidades para jantares e para desfrutar um bom programa em família.

Desfrutar o Tempo Livre com um Propósito

Até agora, falamos sobre o desfrute do tempo livre de atividades programadas como um aproveitamento do tempo ocioso para criar o espaço não estruturado em que alguma coisa boa acontecerá na família. Algumas famílias também desenvolvem rituais regulares para usar esse tempo destacado da atarefada programação de atividades da família. Eis dois exemplos, primeiro o de Sue e em seguida o de Leslie. Nós já contamos a história de Sue, sobre ter uma refeição preparada pela família nas noites de quinta-feira. Eis o conseqüente ritual que emergiu do jantar.

Nós dávamos seqüência à refeição com um jogo ou lendo um capítulo de um livro. Se as crianças recebiam um convite para quinta-feira à noite, orgulhosamente o recusavam, explicando que era a noite da nossa família. Todos nós também antecipávamos com prazer o "evento", e, como pais, as atitudes e conversas à noite são inesquecíveis!

A família de Leslie tem um ritual estendido para as noites de segunda-feira em casa, ritual que é apoiado pela sua comunidade religiosa. Note também que todos estão envolvidos.

Nós também gostamos da idéia de ter "noites da família" reservadas para ligar atividades e discussões familiares. Nós temos tido noites em casa com a família há anos às segundas-feiras. Algumas foram um sucesso, outras não. Persistir nesse hábito tem sido a chave. Nossas noites em família são baseadas em valores das Escrituras, mas abrangem todos os nossos interesses e temas escolhidos. Nós sempre tivemos um quadro das obrigações para a "Noite da Família em Casa", que alterna as responsabilidades para cada membro da família em cada semana (lição, canção, oração, atividade e divertimentos são as responsabilidades que rodam a cada semana). Nós tivemos noites da família em casa que enfocavam a organização e a limpeza, quando nós conversamos sobre o valor do tempo que cada um de nós concedeu e como a organização ajuda a conservar e a usar esse tempo com sabedoria. Tivemos atividades de limpeza dos cômodos da família, de limpeza do quintal, compartilhamos idéias sobre organização dos quartos de dormir etc. Tocamos vários estilos de música, perguntamos quais deles os membros da família mais gostavam, construímos instrumentos baratos a partir de itens caseiros, compusemos uma canção ou saudação da família e cantamos.

O que as famílias fazem com o tempo livre de atividades programadas muda à medida que as crianças crescem e mudam as suas habilidades e interesses. Esta é a parte difícil de todo ritual de família: assim que você o domina, as coisas mudam. Bill, sua mulher e seus filhos costumavam assistir a filmes de Alfred Hitchcock nas noites de quinta-feira. Era uma maneira adorável de desfrutar juntos um tempo sem nenhum compromisso externo. Mas depois que esgotaram todos os filmes de Hitchcock, tiveram de passar para outras maneiras de estar juntos, pois não conseguiram encontrar outro cineasta de que todos gostassem!

Encontrar Tempo para a Família Desfrutar Unida e Proveitosamente

Quando falamos sobre o tempo em família que transcorria em compasso lento, corremos o risco de soar nostálgicos dos dias que há muito já se foram e que nunca voltarão. Nesta época de famílias em que o pai e a mãe trabalham e recebem salários, e de famílias com um único pai ou mãe, e de muitas oportunidades para as crianças, a maior parte das famílias não é capaz de encontrar tempo livre para usufruir unida durante longos períodos do dia. A vida é mais complexa. Mas acreditamos que é possível para muitas famílias recuperar tempo livre suficiente para aproveitar juntos de modo a enriquecer suas vidas. A seguir, descrevemos estratégias que aprendemos com famílias que as aplicaram com sucesso. Consulte o boxe no final deste capítulo para uma série de idéias específicas que você poderá usar para que os membros da sua família usufruam juntos um tempo prazeroso e livre de atividades programadas.

• *Programem um tempo livre para usufruir juntos.* Isso poderia soar como uma contradição, mas não é. Se você não reservar um tempo não programado na sua agenda, ele não acontecerá. Você precisa fazê-lo intencionalmente. Uma família decidiu que os domingos não teriam atividades planejadas, exceto as atividades religiosas. Os pais informaram aos treinadores que haviam tomado essa decisão e a manteriam em vigor. As crianças ficaram frustradas no começo, mas, assim como costuma acontecer no caso da hora de ir para a cama, se as crianças sabem que aquele dia foi reservado para o tempo com a família, gostem ou não, elas tenderão a ser criativas para fazer o melhor possível.

• *Esteja aberto para que "nada" aconteça durante o tempo reservado para usufruir juntos e livres de outras obrigações.* Em outras palavras, não alimente grandes expectativas, especialmente no início. Sua família descobrirá a própria maneira de aproveitar esse tempo reservado.

• *Procurem coisas espontâneas para fazer juntos.* Uma das mais afetuosas lembranças de Barbara é a de um dia quente de verão em que ela saiu da casa e seu filho, brincando, apontou a mangueira para ela. Sentindo-se particularmente espontânea, Barbara entrou em casa e voltou armada com uma pistola de água. Logo irrompeu um tempestuoso combate de água que rapidamente envolveu toda a família. Desde essa ocasião, Barbara passou a deixar pistolas de água carregadas no quartinho dos fundos da casa para uma diversão improvisada.

• *Pense sobre coisas possíveis para a sua família fazer enquanto desfruta unida um tempo sem atividades programadas*, especialmente se você deixar reservado um longo período. Antes da chegada de um verão sem atividades externas, Bugs trabalhou com seus filhos para desenvolver uma lista de mais de uma centena de atividades que eles poderiam realizar no verão se ficassem entediados. Essas atividades incluíam trabalhos para fazer na casa, novas habilidades para aprender e outras coisas, mais simples, para realizar.

• *Seja criativo, mas não se sinta como um diretor de recreação num cruzeiro.* Sua família pode ter um período de "tomar os seus lugares" antes de se ajustar a um padrão de usar bem o tempo livre de outros compromissos. Não permita que a letra *e* (de "entediado") perturbe a sua confiança. Ninguém jamais morreu de tédio.

• *Se os rituais regulares evoluem, deixe-os acontecer*, e verifique com os membros da família se eles querem continuar a realizá-los. Lembra-se de Sue, que transferiu o jantar do ano-novo para a sala de jantar com os belos pratos? Foi um grande sucesso e se transformou num ritual semanal que acabou evoluindo de modo a incluir um jogo em família depois do jantar.

• Não deixe a televisão ou a internet preencherem todo o espaço disponível que você liberou da programação de atividades da família. Veja o capítulo 7.

• Use pequenos momentos para se ligar. Um tapinha nas costas, um beijo de surpresa ou uma valsa espontânea ao redor da sala só dura um momento, mas é um meio seguro de conexão.

Desfrutar juntos o tempo livre como uma família é um ato contracultural no mundo de hoje. Esse desfrute não serve a propósitos competitivos. Você não paga por ele. Você em geral não pode apontar para alguma coisa notável que alguém da família aprendeu ou realizou. Você não pode facilmente alardeá-lo para os amigos. Não há contagem de pontos ou registro de quem ganhou ou perdeu, nem treinador ou professor, nenhum nível de competência, nenhuma habilidade facilmente identificável, nem inscrições numa lista de colégio. Às vezes, a reunião é enfadonha, às vezes os irmãos ou irmãs brigam o tempo todo, e os seus e-mails se empilham silenciosamente em algum lugar de um servidor. Mas será que alguém duvida de que nós precisamos, pelo bem dos nossos filhos e das nossas comunidades, recuperar e restaurar o tempo para desfrutarmos livres das obrigações externas junto com aqueles que nós mais amamos no planeta? Agora, coloque este livro de lado e aproveite com alguém da sua família um tempo sem programações nem compromissos.

Sugestões para a Diversão Familiar:
Idéias para a Família Desfrutar o Tempo Livre

Diversões para qualquer hora

• Aprenda a respeito da sua herança. Coloque um CD para tocar, faça um prato típico, execute uma habilidade da sua cultura de origem.

• Mostre vídeos caseiros e álbuns de fotos e compartilhe os velhos tempos.

• Ligue o rádio ou o CD e peça a todos para se juntarem em alguma dança interpretativa.

• Converta visitas comuns ao dentista ou ao médico numa celebração com uma parada numa sorveteria ou num café.

• Faça um *sleepover* (festa de pernoite) de improviso na barraca ou tenha uma noite ao ar livre com a família em volta da fogueira.

• Faça um besouro do amor para a família. Use um pequeno pompom, acrescente alguns pés, olhos arregalados e antenas. Secretamente, coloque o besouro num lugar para surpreender alguém da família — numa pasta ou carteira, na gaveta de pratarias, no pote de bolachas, no sapato de alguém. Quando o besouro for encontrado, a pessoa saberá que alguém a ama e está pensando nela. Então, essa pessoa poderá surpreender o besouro com o outro membro da família.

• Organize a coleção de fotos da família.

• Soprem bolhas de sabão juntos.

• Saiam para um passeio a pé e levem o cachorro.

• Ensinem ao cão um novo truque.

• Telefonem para os avós ou para outras pessoas especiais e lhes perguntem como foi o seu dia.

• Faça uma banda com a família. Coloque feijões entre duas fôrmas de alumínio para tortas, use uma caixa de farinha de aveia como tambor, toque um pente. Escreva uma canção da família e cante-a.

• Apresente um *show* destacando os talentos da família.

• Pegue uma caixa de roupas finas e coloque nela roupas velhas, oferecendo-as para brincar.

• Brinque de escola e deixe as crianças serem os professores.

• Faça uma cerimônia do chá para crianças.

- Pegue uma foto de toda a família e faça uma moldura com palitos de sorvete, conchas, tampas de garrafa ou botões.
- Façam um colar ou um bracelete de cereal e depois comam-no.
- Junte todas as moedas ou trocos que puder encontrar pela casa e ao redor dela: na máquina de lavar roupa, entre as almofadas do sofá etc., e compre algo para a família.
- Celebre uma festa do blecaute. Finja que a eletricidade caiu e brinquem com jogos à luz de velas.
- Celebre uma noite olímpica com a família, montando, por exemplo, um campo de golfe em miniatura no porão, construindo-o com caixas, latas, velhos pedaços de carpete e madeira etc.
- Durma sob as estrelas.
- Separe todas as roupas de baixo e meias para dobrá-las durante um filme com a família.
- Participe da noite comunitária, extensiva a toda a comunidade, ou da competição de natação da escola, aberta ao público.
- Construa um aeromodelo.
- Vá pescar.
- Comece um *hobby* com a família.
- Montem juntos um quebra-cabeça grande.
- Alugue um vídeo para ser assistido com a família e faça pipoca.
- Assista a um de seus velhos filmes favoritos com os seus filhos.
- Organize uma refeição comunitária improvisada com os vizinhos.
- Brinque de fazer charadas: escreva títulos de filmes ou de livros em pequenas tiras de papel, peça para tentarem adivinhar o nome, um de cada vez, e interprete para os outros membros do seu time.
- Faça alguma coisa ativa: andar de bicicleta, caminhar, andar, jogar basquete ou brincar de pique ou de *frisbee*.*
- Tente o boliche em família, a patinação com patins de rodas, minigolfe, tênis, canoagem ou escalada de rochas.
- Faça competições em família: corrida, corrida com três pernas, corrida segurando um ovo numa colher. Deixe todos comerem salgadinhos. O vencedor é o primeiro a assobiar.

---

* Brincadeira de atirar um disco de plástico leve entre jogadores. (N.T.)

- Dê boas-vindas a alguém que chegará do trabalho desenhando, para isso, belas figuras sobre a calçada com giz.

Brincadeiras Sazonais

- Faça um boneco de neve ou uma escultura de areia.
- Se você mora onde há neve, faça um escorregador de neve.
- Amontoe com o ancinho as folhas caídas no jardim de um vizinho mais idoso ou limpe com a pá a calçada da casa dele no inverno.
- Brinque de amarelinha com todas as crianças da vizinhança.
- Em dias de calor, junte as crianças para brincar de pega-pega na piscina.

Brincadeiras para os Feriados

- Em feriados especiais, como, por exemplo, o Dia de Ação de Graças, o Natal, o Chanukah ou o Kwanza, permita que cada membro da família mais ampla compartilhe a narração da história mais memorável ocorrida com ele num feriado.
- Faça um item de feriado para alguém que não possa sair de casa para aproveitá-lo, como, por exemplo, uma cesta do Dia dos Namorados, ou cesta de primavera.
- Compartilhe a véspera do ano-novo com as crianças, aconchegadas em frente à lareira, e relembre os momentos favoritos do ano que finda. Estabeleça novos compromissos para o ano que se iniciará.
- Faça um bolo de carne em forma de coração para o Dia dos Namorados.
- Sirva salada verde no Dia de São Patrício.
- No Dia da Mentira, sirva o jantar de trás para frente, começando pela sobremesa.
- Conte histórias assustadoras no Halloween e faça uma refeição cozida numa abóbora. Proponha a competição tradicional de "apagar as velas num só sopro a partir da distância mais longa".
- Escolha nomes para o amigo-secreto. Cada pessoa faz coisas realmente boas para o seu amigo-secreto durante os dez dias anteriores ao Natal. Arrume secretamente a cama dele, lave a louça na vez dele, deixe um bilhete debaixo do seu travesseiro etc.

Diversões para os Aniversários

- Para poupar tempo e conservar recursos, em vez de empacotar presentes, deixe-os nas sacolas e os esconda por toda a casa. Brinque de "Está quente, está frio" com a criança aniversariante até que todos os presentes sejam encontrados.
- Faça o aniversariante acordar ao som de *Parabéns a Você* ou *The String Thing*. Amarre um barbante colorido na maçaneta do quarto do aniversariante. De manhã, a criança deverá seguir o barbante por toda a casa até o lugar onde um pequeno presente está escondido.
- Deixe o aniversariante escolher o seu jantar favorito e o lugar onde ele quer comer. Pode ser em caixas de lanche na casa em cima da árvore!

Brincadeiras na Cozinha

- Faça uma *pizza* caseira com toda a família com massa para pão congelada e sobremesa.
- Asse bolachas junto da família e as ofereça de presente a um vizinho mais idoso ou a uma pessoa inválida.
- Para sobremesa, faça um pudim e peça que todos o pintem com os dedos.
- Cozinhe de acordo com a temporada: compota de maçã no outono, um bolo de gengibre no Dia de Ação de Graças etc.
- Crie um prato étnico: *lefse* (pão norueguês), *körv* (salsicha sueca), panqueca de batata (judaico), charuto de repolho (alemão ou polonês) e assim por diante.
- Esconda um confeito num prato no jantar. Aquele que o encontrar deverá permanecer na mesa quinze minutos a mais do que o usual e ter um tempo especial com a mãe e o pai.

Projetos para a Casa

- Quem é capaz de arrancar mais ervas daninhas?
- Amontoem uma enorme pilha de folhas. Então saltem sobre ela antes de colocar as folhas em sacos de lixo.
- Todos amontoam neve com a pá até formar um enorme monte, e em seguida fazem túneis através dele para construir uma fortaleza. (Por segurança, cuide para que ele não fique muito perto da estrada.)

- Faça uma festa de arrumar-o-quarto (quarto da família, quarto de despejo etc.).
- Faça todos ajudarem no plantio e no cultivo do jardim da família.
- Faça um evento de limpar-a-garagem. Venda itens não usados e guarde o dinheiro para um passeio com a família.
- Faça uma festa de dar-banho-no-cachorro com a família.

· 6 ·

Aviões, Trens e Automóveis: A Recuperação dos Passeios e das Férias em Família

Quando a filha mais nova dos Doherty, Elizabeth, não estava mais interessada em conversas na hora de ir para a cama, aos 13 anos de idade, Bill sentiu que perdera uma importante maneira de se relacionar com sua filha. Porém, cerca de uma semana depois, Elizabeth sugeriu que ela e seu pai fossem ao Dairy Queen. "Só nós dois?", perguntou Bill. "Sim, só nós dois. Nós podemos perguntar à mamãe e a Eric se eles querem que a gente traga alguma coisa para casa." Ao saírem, pai e filha tomaram sorvete e conversaram. Na semana seguinte, Elizabeth fez a mesma sugestão. E mais uma vez na semana seguinte. Finalmente, eles concordaram que dariam todas as semanas um passeio ao Dairy Queen, decidindo a cada semana o que era possível fazer para ajustar seus horários. Às vezes, Elizabeth tinha um programa definido para esses passeios, que era algo que a preocupava ou deixava curiosa. Outras vezes, eles não conversavam sobre nada em particular. Mas ambos sabiam que esses passeios não tinham por objetivo fundamental o sorvete. Eles fizeram esses passeios todas as semanas durante cinco anos, até que Elizabeth foi para a faculdade. Em janeiro, em Minneapolis, às vezes eles eram as únicas pessoas no Dairy Queen da Avenida Hennepin.

Quando Elizabeth estava com 14 anos, notou um exemplar da revista *The Family Therapy Networker* na mesa da cozinha. A foto da capa mostrava adolescentes mal-humorados. Percebendo o seu interesse, Bill sugeriu que ela lesse os artigos e lhe comunicasse a sua reação. Depois de lê-los atentamente, Elizabeth ficou zangada. Ela sentiu que os artigos eram inteiramente negativos com relação aos adolescentes e ofereciam poucas idéias sobre como tornar as coisas melhores. Bill sugeriu que ela escrevesse uma carta para o editor, o que ela fez. A carta foi publicada e recebeu muita atenção por causa do seu ponto de vista e da idade da sua autora. De fato, um famoso terapeuta da família costumava citar trechos dessa carta quando falava a pais de adolescentes. Elizabeth tinha aprendido uma lição importante sobre expressar uma opinião com coragem e sinceridade.

Quando ela fez 20 anos, a mesma revista publicou outra matéria de capa sobre adolescentes. O editor telefonou para Bill e lhe perguntou se a sua filha estaria disposta a escrever uma resenha sobre a matéria publicada e confirmar se eles tinham feito um trabalho melhor. (Ele havia concordado com a crítica que ela fizera sobre o número anterior.) Elizabeth estava prestes a viajar para a Escócia, onde iria estudar, mas concordou em ler os artigos no avião e mandar um *e-mail* assim que chegasse à Escócia, de modo que o editor o recebesse antes do prazo de fechamento da edição. Eis a sua carta para o editor de *The Family Therapy Networker*:

> Eu sou a garota de 14 anos de idade, agora com 20, que escreveu, há seis anos, uma carta criticando o seu artigo sobre adolescentes. Agradeço o seu olhar mais positivo sobre os adolescentes na edição de maio/junho de 1996. Os artigos fizeram menos julgamentos sobre as crianças e ofereceram mais idéias sobre como os pais e os terapeutas podem trabalhar com elas. Os artigos também se mostraram mais compassivos com os pais, que enfrentam uma confusa série de expectativas para educar os adolescentes. Eu gostei, em especial, do artigo de Ron Taffel, "Second Family" [Segunda Família], que ofereceu estratégias específicas para trabalhar com os adolescentes nas suas próprias comunidades.
>
> Nos últimos seis anos, eu passei a sentir com mais força que os pais precisam dedicar um tempo "de-igual-para-igual" aos seus filhos adolescentes. O tempo ritualizado que passam juntos, in-

dependentemente do fato de ser longo ou curto, permite que a confiança seja construída de forma saudável, deliberada. O tempo dedicado ao ritual que eu compartilhei com meu pai (todas as noites na hora de ir para a cama até os 13 anos, e, a partir dessa época, todas as vezes que saíamos juntos para tomar sorvete uma vez por semana) ajudou-me a me ligar com ele como um adulto e um pai respeitável que, por intermédio de tudo isso, estava lá para mim, mesmo quando eu não me sentia como se estivesse partilhando os meus problemas.

Eu fiquei muito comovida com o fato de vocês darem tanta atenção a uma carta de uma garota crítica de 14 anos de idade, e também com o fato de o último número sobre adolescentes oferecer perspectiva e esperança.

Você pode imaginar como Bill ficou comovido com esta carta, e como se sentiu revigorado em sua fidelidade ao ritual de sair com sua filha para ir ao Dairy Queen.

Reserve Tempo para Sair e se Ligar

Existe algo no ato de sair de casa que torna alguns tipos de conexão da família mais fáceis de fazer. Quer seja uma caminhada ou um passeio ocioso de carro ou uma viagem à procura de sorvete, abandonar as distrações da casa — televisão, brinquedos, telefone, computador, trabalho de casa — nos deixa livres para conversar e para ficar juntos de diferentes maneiras. Muitos pais de adolescentes contam que seus filhos trazem à tona suas preocupações no carro, com ambos, o pai e a criança, olhando para o tráfego, e não um para o outro, preocupações essas que não vêm à tona em casa. Alguns pais descobriram que o carro era o melhor lugar para conversar sobre sexo. E muitas famílias têm os seus maiores momentos de desfrute numa viagem por uma estrada ou num parque de diversão, longe da rotina doméstica.

O desafio está em se esforçar para obter tempo suficiente para sair de casa, e ter a intenção de se ligar quando assim o fizer. Estar muito programado com atividades individuais dificulta a realização de passeios espontâneos. Você não pode se levantar da cama numa manhã de sábado e dizer: "Vamos até o lago", quando a maioria das manhãs de sábado está comprometida com atividades individuais como, por exemplo, recitais de dança e eventos esportivos. Naturalmente, o mesmo é verdade se os horários do trabalho dos pais se prolongam pela noite e pelos fins de semana. Se o ato de sair sempre tem um propósito externo — ir a algum lugar para um evento — então não é a mesma coisa que sair para desfrutar e se conectar.

Você pode argumentar, como fazem alguns pais, que o tempo "de-igual-para-igual" no carro a caminho dos eventos das crianças pode na verdade ser uma forma de sair de casa que propicia a conexão. Como dissemos acima, isso pode ser verdade, assim como levar uma criança para comprar roupas novas pode ser uma oportunidade para um tempo "de-igual-para-igual". A vida diária está cheia de oportunidades para conversas e aproximações entre pai e filho se aproveitarmos essas oportunidades. Porém, há uma grande diferença entre ir de carro até o Dairy Queen, ou até um cinema, ou ir apanhar maçãs, e levar as crianças de carro, em cima da hora, para uma aula de piano ou um jogo de hóquei. Além da pressão do tempo, a principal diferença é que, num ritual de sair de casa, todos vocês sabem que o propósito é se divertirem juntos, o que é o oposto de realizar algumas tarefas ou chegar a um destino. Momentos aleatórios de conexão transcorridos enquanto nos dirigimos de carro para algum lugar devem ser valorizados, mas você não pode contar com eles como uma forma de se ligar com uma criança — especialmente agora que tantas crianças preferem usar fones de ouvido ou assistir a um vídeo no banco de trás do carro.

Os rituais de sair de casa podem ser realizados com toda a família ou com subgrupos dela. Tom, agora um pai de meia-idade, se lembra com carinho dos passeios que ele e seu pai faziam aos jogos de beisebol do Minnesota Twins. Eram apenas pai e filho, no estádio iluminado de beisebol, sob as estrelas (isso foi antes dos estádios fechados em abóbada). Era o seu tempo especial com o pai, uma conexão que eles não vivenciavam do mesmo modo em casa.

Barbara e sua família desenvolveram um ritual semelhante entre mãe e filha. Quando a sua filha mais velha fez 4 anos de idade e foi presenteada com dois irmãos gêmeos, Barbara sabia que tinha de encontrar um tempo especial apenas para a filha. Então ela começou um ritual de assistir a produções locais de teatro infantil com a menina. Porém, quando os gêmeos cresceram, e uma quarta criança veio se somar às já existentes, a família não tinha recursos que permitissem comprar ingressos para a temporada para todos. Então, eles começaram um ritual de fazer revezamentos, uma das crianças e a mãe para cada peça. Sair de casa e se conectar transformou-se num ritual muito apreciado.

Sair de casa para desfrutar uma refeição como uma família é uma oportunidade já pronta para um ritual de conexão, contanto que você o realize com esse propósito. A família de Bill tem um ritual de *pizza*. Começou em 1986, quando os Doherty se mudaram para Minnesota e descobriram que gostavam das *pizzas* do restaurante Davanni's. Eles entraram numa rotina de ir lá todas as sextas-feiras, principalmente por razões práticas: ninguém queria cozinhar depois de uma semana de trabalho, todos gostavam da *pizza* e não era cara. Mas Bill e Leah começaram a perceber o quanto eles antecipavam esses passeios por causa das conversas relaxantes que neles ocorriam. Os membros da família estavam processando a sua semana ou conversando sobre coisas que tinham na mente.

Então, certa noite no Davanni's, Eric, de 13 anos de idade, pediu quinze minutos para brincar de videogame enquanto a família esperava que a *pizza* ficasse pronta. Bill e Leah deram a ele quinze minutos, e ele depois se juntou à mesa quando a comida chegou. Ele pediu novamente na semana seguinte e jogou outro jogo. Mas, na terceira semana, Bill e Leah olharam um para o outro e disseram: "Isso derruba o nosso propósito". Essa foi a primeira vez que eles souberam que havia um propósito da família nessa rotina da *pizza*. Bill disse a Eric: "Nós não vamos te dar mais quinze minutos para o videogame porque este é um momento da família". Eric resmungou um pouco, mas aceitou a nova política.

Quinze anos depois, e tendo as crianças deixado a casa, o Davanni's ainda é um ritual semanal da família Doherty. Na maioria das vezes, eram apenas os quatro Doherty, mas também se tornou uma ocasião boa para apresentar novos namorados ou namoradas aos pais. Hoje, quem quer que invente de comer *pizza* telefona para o restante do pessoal para confirmar o dia, e então todos se encontram no Davanni's na hora marcada. No linguajar da família Doherty, "vamos Davannisar" é um modo de dizer "vamos ter algum tempo em família". Da mesma maneira, quando Elizabeth quer um tempo a sós com o seu pai, ela lhe telefona e diz: "Nós já não tomamos sorvete faz um tempo. Que tal hoje à noite?" Quando você é jovem, é muito mais fácil pedir *pizza* ou sorvete do que pedir por um tempo de conexão com os seus pais!

Nós reunimos no final deste capítulo muitas idéias sobre sair de casa e escapar da rotina e se ligar como uma família. Veja o que poderia se encaixar na sua própria família.

Não Vejo a Hora de Voltar à Estrada

Nada na vida da família cria lembranças tão duradouras quanto as viagens e as férias em família. Nós usaremos "viagens" e "férias" alternadamente, embora algumas famílias diferenciem uma "viagem" para visitar os parentes de umas "férias" para puro desfrute. As férias em família como nós as concebemos atualmente são muito novas na história, sendo em sua maior parte uma invenção do século XX. As férias aconteceram depois que a maioria das pessoas começou a trabalhar para patrões em vez de na própria fazenda ou num pequeno negócio. À medida que o século XX progredia, cada vez mais patrões começaram a dar férias pagas como benefício. O advento dos automóveis, como um suplemento dos trens e dos barcos a vapor, proporcionou às famílias muito mais flexibilidade para viajarem todos juntos. Mesmo assim, eram, em sua maior parte, as famílias ricas e de classe média alta que podiam se dar ao luxo das férias até a metade do século XX, época em que o padrão de vida melhorou para a maior parte dos americanos, os carros se tornaram uma característica comum da vida da família, e novas rodovias tornaram viável fazer longas viagens. Durante a segunda metade do século XX, as férias da família ingressaram na cultura como um importante ritual familiar.

É irônico, então, o fato de que durante a época na qual o padrão de vida aumentou as fortunas de tantas famílias americanas, as férias da família começaram a retroceder. Pesquisas têm mostrado que o número de famílias que tiram férias diminuiu cerca de 28% durante as duas últimas décadas do século XX. Além disso, o número médio de noites transcorridas em férias é agora de aproximadamente cinco, um decréscimo com relação às décadas anteriores.

O que está acontecendo? Parte da explicação, sem dúvida, está nas famílias em que os dois pais são assalariados. É simplesmente mais difícil coordenar os períodos programados para as férias quando há dois adultos trabalhando. Mas outra parte da explicação está nas atividades programadas extracurriculares das crianças. Temporadas esportivas ao longo de todo o ano significam que crianças ativas estarão sempre disputando jogos importantes e tendo importantes torneios durante as férias de verão e o início da primavera. A família Sloane, com os dois pais trabalhando em tempo integral, marcou antecipadamente seu período de férias da família para que caísse de 1º a 15 de agosto numa cabana à beira de um lago. Em 28 de julho, porém, a equipe de futebol do filho mais velho, de 15 anos, faria uma competição estatal. Depois de uma breve hesitação, os pais cancelaram as férias da família porque não queriam desapontar o filho nem o restante da equipe. O detalhe triste é que essas poderiam ter sido as últimas férias de verão possíveis para a família. No ano seguinte, o filho estaria empregado durante o verão e provavelmente se oporia a perder dinheiro para viajar com a família. Deixar que esse importante ritual da família capitule diante de um evento esportivo inesperado dos jovens pode abrir a porta para outras razões que explicam o retrocesso do tempo em família e dos rituais de família.

Mas, quando as famílias fazem das férias uma prioridade, elas raramente se arrependem disso, mesmo quando muitas coisas saem erradas. Como todos os outros rituais da família mais ampla (como, por exemplo, casamentos e os rituais de férias sazonais), as férias da família geralmente envolvem períodos de tensão e irritabilidade. Mas essas muitas frustrações se tornam freqüentemente as lembranças mais afetuosas dos últimos anos. Nós pensamos na família que passou suas férias na Carolina do Norte fugindo de um furacão, ou na família que gastou metade das suas férias em oficinas consertando o carro. Essas histórias ficam engraçadas anos mais tarde. Até mesmo as ininterruptas perguntas "quando chegaremos lá?" das crianças se tornam lembranças alegres quando elas estão crescidas.

As férias imprimem lembranças coletivas na consciência dos membros da família. A família de Barbara desenvolveu dois tipos de rituais de férias — um com a família toda e outro separado por sexo. Essa tradição começou quando os homens da família decidiram ir a um rodeio. Barbara sabia que em muitas famílias o pai e os filhos viajam juntos para fortalecer vínculos masculinos. Por que não as mulheres? Então, Barbara e suas filhas criaram a "viagem das garotas". Elas saíam em disparada no carro, parando sempre que queriam — para fazer compras, para uma pausa na doceria, para sentir o aroma das flores ou para visitar um museu. Não havia necessidade de um consenso que envolvesse os dois sexos! Elas desfrutavam longos lanches, ficavam até tarde batendo papo e riam até chorar. Os homens relataram experiências de união igualmente boas, fazendo coisas completamente diferentes.

Carol nos conta a respeito das brincadeiras nas viagens de carro:

> Embora os nossos filhos estejam mais velhos agora (19 e 22 anos), suas férias favoritas eram sempre as viagens de carro — especialmente as longas viagens de carro que fazíamos. Nós sempre comprávamos coisas para comer e beber no carro, coisas que não costumávamos ter muito em casa. Nós evitávamos *fast foods* nas viagens porque, é interessante, isso não era o mesmo que comer no carro! Decidimos comer sanduíches no carro ou parar num parque ou no acostamento da estrada para comer. As crianças ADORAVAM isso!
>
> A leitura sempre ocupou grande parte das nossas viagens. Nós apanhávamos mapas e guias e gostávamos de ler a respeito de cada pequena cidade por onde passávamos. Mas o maior sucesso para nós era sempre ouvir livros gravados em fitas cassete enquanto o carro seguia viagem. Conseguimos as edições completas, de modo que tínhamos às vezes de quinze a dezoito horas de escuta. Você pode alugá-los na biblioteca ou comprá-los na

Books on Tape. Às vezes, líamos livros relacionados com o que iríamos ver (estávamos todos hipnotizados por *The Killer Angels* a caminho de Gettysburg alguns anos atrás), mas às vezes apenas ficávamos com boas aventuras que toda a família desfrutava — Jack London, Mark Twain ou John Grisham. Elas sempre fomentavam grandes discussões familiares. E o maior ganho para nós? Raramente ouvíamos as palavras: "Ainda estamos aqui?"

Observe, na história de Carol, que as melhores lembranças de férias não eram tanto os lugares aonde eles iam, mas a viagem em si. Existe alguma coisa no fato de estar confinado com a família por dias a fio que pode trazer à tona a criatividade dos pais e das crianças para fazer dessas ocasiões a melhor parte do tempo. Os filhos de Bill costumavam olhar para as placas estaduais dos veículos na estrada, ou contar moinhos de vento. Leah tinha uma grande solução para as perguntas do tipo: "Ainda vai demorar muito para chegar?" Cada criança podia fazer a pergunta três vezes por dia em qualquer viagem. O resultado? Eles as poupavam e nem mesmo faziam suas três perguntas.

Sue Kakuk, cujas histórias já contamos antes, também gosta de livros como parte das férias. E observa como a sua família usa uma foto tirada durante as férias como maneira de conservar as lembranças e de compartilhar a experiência com outras pessoas.

Eu tentava encontrar um livro que tivesse como assunto o nosso local de destino, e então o lia em voz alta à noite. Por exemplo, quando fizemos canoagem nas Boundary Waters (Minnesota/Canadá), nós lemos *Chasing Bears* e, quando visitamos o Grand Canyon, nós lemos *Down River*. Começou numa de nossas primeiras viagens para acampar. Quando estavam todos amontoados numa tenda com pouca privacidade, pareceu uma coisa natural de fazer. Agora, mesmo quando estamos no conforto de um bom hotel, é uma boa desculpa desligar a TV e nos conectar de novo antes de nos retirarmos à noite. Eu também tentava manter um diário, e então nós o relíamos antes de ir para nossa próxima viagem. Nós sempre tiramos fotos da família e usamos uma delas para o nosso cartão de Natal ou cartões-postais.

Sue também descobriu um princípio valioso sobre os rituais de família, um princípio que é particularmente importante para as férias: a máxima participação de todos os membros da família.

Nesta última semana, nós nos preparamos ansiosamente para desfrutar as férias num *camping* na Península Alta, em Michigan. Alguns anos atrás, eu teria feito todos os trabalhos preparatórios, organizar, fazer as malas etc., tudo sozinha. Também não dormiria mais tão bem, com tantas coisas na cabeça. Neste ano, envolvi as crianças (com idades de 10 e 13 anos) um pouco mais do que o normal. Fomos juntas fazer compras no armazém. Elas mesmas pegavam as suas bolachas favoritas, sucos, iogurtes etc. (Elas também ensacaram e me ajudaram a descarregar as compras!) Elas fizeram os biscoitos. Minha filha está fazendo a lista dos itens que todos precisam levar. Olhamos juntas o mapa para descobrir qual o melhor caminho. Devemos pegar o caminho mais curto ou a rota "mais rápida"? Eu estou esperando ansiosamente pela viagem. Nós dividimos a responsabilidade do planejamento. Eu sei que as coisas podem não sair perfeitas. E quando voltarmos, compartilharemos o que foi bom e o que não foi tão bom.

O que é bom e o que não é tão bom — isso resume realidades da vida familiar e das viagens e férias em família. São períodos de intensa relação familiar, que trazem à tona o melhor e o pior de nós. Mas, felizmente, a maior parte das lembranças se refere ao que é melhor.

Quando pensamos a respeito da vida em família, a maioria de nós imagina, em primeiro lugar, a lareira e a casa. Mas a vida em família é também o que fazemos fora de casa e longe da vizinhança, nessas horas ou dias em que estamos temporariamente livres das restrições da vida doméstica, quando estamos juntos em contato com a natureza ou aprendemos alguma coisa ou brincamos juntos. Será uma perda terrível para a próxima geração se deixarmos que as nossas frenéticas atividades programadas interfiram nessa dimensão da vida familiar. Sair de casa e ir para longe são prismas através dos quais vemos a nossa família refratada numa luz diferente, com cores que não vemos em casa.

Sugestões para Diversão Familiar quando Ela Sai a Passeio ou de Férias

Saindo para Perto de Casa

• Se os avós estão num local por perto, estabeleça uma "data para brincar" regularmente com eles.

• Visitem lugares de acesso gratuito: parques, praias, parques de diversão. Façam um piquenique.

• Façam exercício físico: caminhar, fazer longos passeios no campo, andar de bicicleta, escalar montanhas ou praticar canoagem.

• Tenham um dia especial para "comer fora". Isso dá uma folga para o cozinheiro da família, e todos podem se concentrar apenas uns nos outros.

• Tenham um dia do dólar. Dividam a família em times e visitem um *shopping center* ou supermercado. Marquem o tempo, e cada time precisa encontrar o presente perfeito para o outro time.

• Visitem o zoológico local, o jardim botânico, o museu de ciências ou o teatro infantil.

• Vão até a biblioteca com uma missão! Pesquisem o local onde irão passar o próximo feriado, abasteçam-se de livros para a próxima viagem ou pesquisem sobre um animal que vocês esperam visitar no zoológico.

• Convertam os pequenos trabalhos domésticos em projetos da família: visitem o viveiro de plantas, a loja de tinta, a loja de ferragens etc.

• Façam um encontro de família no ano-novo para discutir idéias sobre as próximas férias. Não se esqueçam dos passeios perto de casa.

Saindo de Férias

• Em viagens mais longas, leve petiscos especiais que você normalmente não tem em casa.

• No carro, comecem um coro em família e cantem as canções favoritas de todos enquanto viajam.

• Quando as crianças já estiverem suficientemente crescidas, leiam livros em capítulos durante a viagem.

- Envolva toda a família em sua próxima viagem de férias. Verifique os livros, mapas e guias sobre o lugar que irão visitar. Peça a cada membro da família para pesquisar sobre o que quer ver ou fazer e apresentar para toda a família.
- Numa viagem longa, escreva nomes de amigo-secreto. Tente realizar ações secretas aleatórias de bondade para essa pessoa. Por exemplo, carregue a mala do seu amigo-secreto, pague a ele uma sobremesa especial, deixe que ele vá primeiro ao banheiro, encontre uma pedra especial ou uma concha especial e esconda-a na mochila dele, escreva um bilhete e coloque-o debaixo do travesseiro do seu amigo-secreto.
- Em viagens mais longas, empacote um saco de brincadeiras para cada criança. Eles não têm permissão de abrir o saco até que o avião decole, ou que o carro comece a andar. Acumule itens de coisas "para fazer", como papel, marcadores e creions. Acrescente alguns presentinhos, pequenos jogos e brinquedos.
- Prepare uma mochila especial, com jogos que só podem ser jogados em viagens.
- Mantenha um diário de viagem. Escreva nele os momentos prediletos de cada um e os não tão prediletos. Leia esse diário antes da sua próxima viagem. Ele traz boas recordações.
- Leve consigo livros apropriados para ler antes da hora de dormir.
- Grave fitas com canções favoritas, e cantem juntos.
- Faça jogos de carro, como:

    Tente adivinhar o número de vagões no trem que se aproxima e então contá-los para ver quem ganhou.

    Brinque com o jogo do alfabeto. Façam turnos percorrendo todo o alfabeto para encontrar um item correspondente àquela letra: abacateiro, bar, cachorro, dente etc.

    Façam rodadas do jogo do alfabeto encontrando letras nas placas dos carros.

    Anotem placas de carros de diferentes estados.

    Inventem as suas próprias histórias. Uma pessoa começa com a primeira sentença, e cada pessoa, uma de cada vez, adiciona a sua. Você acabará com uma história muito engraçada!

- Deixe que cada criança com idade suficiente faça a sua própria mala. Ajude fazendo uma lista do que deve ser levado na mala — itens indispensáveis como, por exemplo, roupas de baixo (quantas?), escova de dentes, fio dental, roupas apropriadas, como três camisetas de manga comprida, quatro de manga curta, duas calças, três bermudas. Qualquer coisa além desses itens indispensáveis é da responsabilidade deles.
- Encomende as refeições das crianças no avião quando comprar as passagens.

· 7 ·

Domestique a Fera Tecnológica: A Recuperação da Vida em Família no Lar

A escassez de tempo na vida da família contemporânea não se deve apenas ao fato de sobrecarregarmos a nós e aos nossos filhos com atividades programadas. Deve-se também ao poder das tecnologias eletrônicas, em particular a televisão, o videogame, os CDs, o computador e a internet. Essas tecnologias da mídia podem ser usadas para intensificar as conexões familiares, mas na prática elas tendem a isolar os membros da família criando casulos eletrônicos. Nenhum plano para recuperar a vida em família no mundo de hoje pode ignorar a tecnologia da mídia no lar. Para colocar o desafio da atualidade em perspectiva, eis aqui um resumo de um estudo fundamental patrocinado pela Kaiser Family Foundation sobre as crianças e a mídia, publicado em 1999:

> As crianças da atualidade gastam mais tempo com mais mídias do que qualquer geração antes da delas, e há razões de sobra para supor que o seu uso das mídias e a sua exposição a elas continuarão a crescer. O ambiente que cerca a juventude de hoje... está cheio de mídias de todos os tipos. Seus quartos de dormir abrigam televisão, material impresso, rádio, aparelho de som, videogame e, com freqüência cada vez maior, computador. Os jovens podem escolher o conteúdo de dezenas de canais de televi-

são e estações de rádio, centenas de publicações impressas, milhares de vídeos e praticamente um número ilimitado de *sites* na internet. Não é exagero dizer que nos Estados Unidos de hoje o estudante médio gasta mais tempo com as mídias do que o tempo que dedica a qualquer outra atividade desperta — ele dedica quase sete horas por dia às mídias.

Use a Televisão para a Conexão Familiar

É fácil descrever como a televisão fere a vida da família, e por isso vamos começar falando sobre como ela pode ser usada intencionalmente para promover os laços familiares. A família Carlson teve alguns momentos maravilhosos com um ritual de televisão. Todos eles assistiam juntos a um programa semanal; seus favoritos incluíam *Scarecrow and Mrs. King, Lois e Clark — As Novas Aventuras do Superman*, e *Missão: Impossível*. Eles comiam *pizza* e conversavam enquanto assistiam, sabendo que o propósito era passar o tempo juntos como uma família desfrutando alguma coisa de que gostavam na televisão. Bill tem lembranças animadas de sua infância em família assistindo ao *The Jackie Gleason Show* nas noites de sábado. Era o único programa a que até mesmo o seu pai, um crítico da televisão, gostava de assistir, e Bill ainda se lembra da entusiástica risada irlandesa de seu pai diante das excentricidades de Jackie Gleason.

Como pai, você pode às vezes aproveitar uma oportunidade especial de se ligar com os seus filhos "de-igual-para-igual" ao redor de um programa de televisão. A filha de Bill, Elizabeth, amava *Anos Incríveis*; Kevin, o personagem principal, tinha a idade dela. Bill e Elizabeth assistiram ao programa juntos em muitas noites de terça-feira, conversando sobre ele durante os comerciais e depois.

A chave para fazer do ato de assistir à televisão um ritual em família consiste em ser intencional nisso, decidindo sobre o que assistir e fazendo isso juntos. O aconchego ajuda. O mesmo acontece com os vídeos e DVDs. As crianças pequenas gostam de assistir repetidas vezes aos seus vídeos favoritos com seus pais. Apesar de os filhos de Peter serem muito jovens para assistir ao assustador filme *Parque dos*

Dinossauros no cinema, eles compraram o filme e acharam os dinossauros menos assustadores na tela pequena com o pai na mesma sala. O filme se tornou o ritual familiar favorito, com as crianças antecipando cada linha de diálogo e cada movimento dos dinossauros. Leslie e sua família também usavam vídeos e DVDs para intensificar um feriado especial em família. Eis a história dela:

> Quando fizemos uma viagem com alguns estudantes intercambistas da Espanha, levamos conosco alguns vídeos que podíamos colocar no aparelho de vídeo enquanto viajávamos. Eles se passavam nas áreas que estávamos visitando: *Dança com Lobos* para Dakota do Sul, *Intriga Internacional* para o Monte Rushmore, *Contatos Imediatos do Terceiro Grau* para a Devils Tower, e *Jeremiah Johnson* para o Wyoming. Tivemos algumas grandes discussões sobre cultura e história a cada noite durante o jantar.

Quebre o Transe da TV

O principal problema da televisão para a vida em família é simplesmente o excesso. A maioria das famílias a mantém ligada sempre que está em casa, incluindo durante rituais como o jantar. Se a televisão se desligasse automaticamente depois de cada programa, o que exigiria de nós ligá-la de novo para assistir a outro programa, ela provavelmente seria menos invasiva. A maioria das pessoas não diz: "Vamos ligar a televisão durante as refeições". Ela fica ligada simplesmente porque as pessoas não a desligam. A TV é o grande absorvente da atenção familiar, o grande "dispersor" das conversas.

Nós todos sabemos disso, mas muitos não percebem o estado semelhante ao transe que a televisão induz nas crianças e nos adultos. Você já tentou obter a atenção dos seus filhos (ou da sua mulher) quando eles estão assistindo à televisão? Eles estão em transe, um estado de consciência mais parecido com sonhar acordado do que com estar desperto. Quando se dirige a palavra a uma pessoa que está sob o transe da TV, ela invariavelmente não responde ou diz: "O quê?"

Assistir à televisão de maneira irrestrita não apenas degrada as conexões familiares como também fere as conexões comunitárias.

Robert Putnam, em seu livro *Bowling Alone*, documenta como o ataque da televisão ajudou a provocar um declínio no entrosamento das pessoas com os seus vizinhos e a sua comunidade. Temos os nossos próprios centros de entretenimento em nossa casa (o que atualmente se acentuou ainda mais devido aos equipamentos de áudio requintados que acompanham a televisão), e não sentimos que precisamos dos vizinhos para nos entreter. Putnam descreve como comunidades do Círculo Ártico vivenciaram um drástico declínio no compromisso cívico depois que adotaram a televisão. Durante décadas, uma dessas comunidades tinha um ritual em que as famílias se reuniam no centro cívico da cidade todas as quintas-feiras para conversar e realizar atividades. Apenas algumas semanas depois da chegada do sinal de TV via satélite, as reuniões no salão da cidade evaporaram.

Sem dúvida você já deve ter ouvido todos os conselhos sobre a necessidade de limitar o uso da televisão em casa: decida antecipadamente a quais programas irá assistir e deixe que os seus filhos assistam, estabeleça limites de tempo, fique atento ao que as crianças estão assistindo, desligue durante o jantar, não use a televisão como babá ou como recompensa por bom comportamento. O truque está em remover essas coisas numa cultura em que assistir à televisão parece ser um direito inalienável. Eis algumas estratégias que alguns pais que conhecemos tentaram aplicar.

Jane descreve como foi a experiência de desligar a televisão para sua família:

> Uma atividade familiar que nós encorajaríamos vigorosamente se parece mais com uma não-atividade. Nós decidimos, há cerca de dois anos, fazer uma experiência para nos ajudar a encontrar mais tempo para passarmos juntos. Nossos filhos estavam com 5 e 1 anos de idade nessa época. Nós simplesmente desligávamos a TV e anunciávamos que ela estava quebrada e que teríamos de descobrir outras coisas para fazer durante aquele mês. Nós redescobrimos os jogos de cartas e de tabuleiro, as leituras de livros e revistas, as caminhadas, os parques, e conseguimos até mesmo ir para a cama mais cedo para resgatar esse sono tão importante de que tanto os adultos como as crianças precisam. De-

pois, voltamos a ligar a TV, mas ela é ligada raramente e, mesmo assim, no canal educativo ou para assistirmos a um vídeo ou DVD.

Bugs Peterschmidt decidiu agir seriamente com todas as mídias, a começar pela televisão.

Nós estamos tentando uma experiência neste verão — eu o chamo de verão "desplugado", embora isso não seja totalmente verdade. Eu acho que os nossos filhos (de 13 e 10 anos) são bastante comuns quanto ao fato de que não conseguem regular a si mesmos quando chega a hora de desligar uma tela — qualquer tela! Quando eu dizia: "Mais dez minutos, e então vocês precisam desligar isso", os dez minutos podiam se tornar uma batalha de razões e vontades. Eu decidi que essas batalhas estavam absorvendo minutos preciosos que nós não conseguiríamos mais recuperar, e por isso agora temos uma "regra da não-mídia" até depois do jantar. Eles têm uma hora por dia — podem decidir como passar essa hora. Se eles querem verificar seus *e-mails*, assistir a um programa ou jogar um videogame, têm de escolher como passar essa hora. Eu estou tentando ficar desplugada até depois do jantar, e acho que isso também é difícil para mim. Um dos benefícios ocultos que descobri é que não me sujeito mais aos comerciais que mostram mulheres de aparência perfeita e perfeitamente satisfeitas com algum produto perfeito ou experiências sem as quais eu não deveria viver. Estou me sentindo um pouco mais calma. Eu gosto da tranquilidade.

Perceba aqui a estratégia de estabelecer limites de horário, mas dando às crianças a liberdade de escolher o que querem fazer nesse espaço de tempo. Isto poupa o pai de ter de pedir ao filho para que deixe de assistir a um programa dez minutos antes de ele acabar, o que leva a discussões intermináveis. Além disso, a regra que proíbe a intrusão das mídias até depois do jantar simplifica o monitoramento.

Às vezes, há efeitos colaterais negativos nos esforços para limitar a televisão. Eis o relato de Griff Wigley do que a sua família tentou fazer:

Quando cortamos o tempo dos nossos filhos para duas horas por semana, eles passaram a gastar outras três horas por semana examinando atentamente os guias da TV para decidir como iriam passar as suas duas horas. Aarrrgghhh! Aquilo foi a última gota.

Griff e sua mulher tentaram muitos outros esquemas com os seus quatro filhos, e muitos deles foram bem-sucedidos durante algum tempo. E então eles acabaram aceitando o que era realmente muito difícil, e convivendo com isso:

> Nós finalmente decidimos desligá-la completamente para nós e para eles. Isso aconteceu há onze anos... eles estavam com 14, 12, 9 e 5 anos de idade na época. Nós ainda alugamos vídeos e não tentamos impedi-los de assistir à TV na casa dos amigos. Isso fez uma enorme diferença em nossa vida — eu era um dos maiores transgressores —, e nós ainda hoje não assistimos à TV. O único problema, em retrospecto, é que isso tornou mais difícil para eles convencer os amigos a vir aproveitar o tempo livre em nossa casa. Eu não estou certo de que faria isso de novo da mesma maneira.

A história de Griff mostra como não há respostas fáceis numa sociedade que está tão preocupada com a televisão. Proíba-a, e seus filhos e os amigos deles passarão o tempo em outro lugar. Limite-a, e você poderá passar o seu tempo policiando o seu plano de ação. Mas parece que os pais fazem melhor quando estabelecem limites bem definidos, com os quais as crianças podem facilmente concordar. Sue aproveitou a oportunidade para substituir o tempo da TV por um tempo de leitura, e felizmente o resultado foi que o seu filho ficou mais criterioso em relação ao uso da televisão e passou a ler mais. Ela começou a admitir honestamente que havia usado a televisão como babá, para que então pudesse terminar o trabalho de casa, uma tentação à qual quase todos os pais sucumbem de tempos em tempos.

> Eu comecei tirando vantagem da fuga do meu filho para o quarto que a família tinha no porão, o que me deixava sem incômodos por algum tempo. Eu conseguia terminar de fazer as minhas coisas! Ele admitiu que assistia à TV em excesso e estava dispos-

to a fazer uma mudança. Eis o acordo a que chegamos: ele tinha meia hora de TV por dia, de graça. Para ganhar mais horas de TV, ele tinha de ler. Para cada meia hora de leitura, ele ganhava meia hora de TV. Eu estava um pouco preocupada com o fato de que eu talvez precisasse impor um limite sobre o número de horas diante da TV, mas está funcionando a proporção uma hora e meia de leitura para uma hora e meia de TV. Isso não é ruim. Sim, ele está lendo mais (era o meu objetivo), mas ele também está sendo responsável ao controlar o número de horas diante da TV. Ele não está me desafiando quanto ao acordo.

Talvez Sue e seu filho tenham captado o ingrediente-chave para impedir que a televisão domine a vida da família: fazer escolhas conscientes e não perder de vista essas escolhas. Famílias diferentes terminarão com diferentes graus de uso da televisão, mas, se elas forem intencionais a esse respeito, é provável que encontrem um equilíbrio que funcione e que seja vantajoso para o tempo da sua família e das conexões familiares.

Como Competir com o Computador e a Internet

Dentre as novas tecnologias, o computador conectado à internet está mudando muito depressa a vida da família. Como todos sabem, essa tecnologia abre o mundo para uma criança. O conhecimento sobre quase tudo está literalmente na ponta dos dedos dos seus filhos; isso nos faz pensar na árvore bíblica do conhecimento do bem e do mal. Digite "Whitehouse.gov" no teclado e aprenda sobre o funcionamento do ramo executivo do governo federal. Digite o sufixo errado depois de "White House" e você entra num site holandês de pornografia. Acesse o site de uma enciclopédia que o ajuda numa pesquisa sobre um tópico para um trabalho de escola, e outro para baixar um trabalho já pronto.

As salas de bate-papo (*chats*) e os *e-mails* têm se transformado em preocupações com relação a crianças cada vez mais jovens. Essas formas de comunicação, no que elas têm de melhor, oferecem à criança uma maneira divertida de se ligar com os amigos e com outras crianças de diferentes lugares e ambientes. Aprender espanhol? Você pode ter facilmente um companheiro diário de escrita da Espanha ou da América Latina. Quer se reunir com amigos para desfrutar um tempo livre numa tarde fria de inverno sem sair de casa? Converse com todos eles juntos numa sala de bate-papo.

A maior parte dos pais está ficando ciente dos riscos que essas tecnologias da comunicação apresentam para os seus filhos. Os corruptores de crianças nas salas de bate-papo lideram a lista, mas tempo e preocupação demais com *e-mails*, mensagens instantâneas e navegação na internet são também prejudiciais para as crianças. Nós estamos focalizando aqui uma coisa que não está diante da mente de muitos pais: como o fato de estar absorvido na comunicação com outras pessoas fora de casa pelo computador pode criar mais distância em casa. Algumas crianças correm da escola para diversas atividades pós-escola (engolindo o jantar dentro do carro) e daí para o computador, para o *e-mail* e as mensagens instantâneas, e então para as lições de casa e de volta para o computador antes de dormir, para se atualizar com os amigos. Pouco tempo resta para conversar com os pais ou com os irmãos.

Não se trata apenas das crianças, é claro. A invasão do mundo do trabalho adulto na forma de *e-mails* à noite e nos fins de semana se soma ao problema. Nós temos a tecnologia para nos comunicarmos facilmente com todas as pessoas, menos com a família. A comunicação com a família é uma atividade de baixa tecnologia num mundo de alta tecnologia.

Mas não precisa ser desse modo. Nós compramos computadores e tecnologia da informação, e podemos controlá-los. O primeiro passo, e o mais importante, é não permitir computador no quarto das crianças. Mantenha-o nos espaços comuns da casa, onde você mesmo poderá usar o computador (limitando desse modo o acesso das crianças) e olhar de forma não convencional para a tela quando estiver passando por perto. O mesmo deve valer para a televisão no quarto das crianças. Você sabia que 25% dos pré-escolares têm televisão no quarto? Com a idade de 7 anos, 40% já as têm, e a porcentagem continua aumentando na adolescência.

Quando permitimos que as nossas crianças tenham acesso à tecnologia da informação no quarto, nós as colocamos num risco muito maior de acessar material nocivo e de cair como presas de adultos que querem prejudicá-las. Mas, além desses riscos óbvios para as crianças, nós também as isolamos do restante da família. À medida que as crianças alcançam os anos da adolescência, quando um certo grau de afastamento com relação aos pais é normal, do ponto de vista do desenvolvimento, nós damos a elas poucos incentivos para estar perto do restante da família quando seu quarto de dormir é completamente suprido de centros de entretenimento e comunicação.

Você poderia perguntar: "Por que tentar forçar os adolescentes a ficar com a família quando eles querem ficar sozinhos?" Nós confessamos que essa atitude entre alguns pais realmente nos intriga. Por que não dar aos adolescentes um refrigerador cheio e um fogão portátil para eles prepararem as próprias refeições, e uma porta da rua no quarto de dormir? Há uma grande diferença entre arrastar as crianças para fora do quarto e forçar uma conversa em família e criar oportunidades e incentivos para todos desfrutarem juntos, como família, um tempo livre de obrigações externas. Colocar a televisão numa sala da família cria essas oportunidades e incentivos para desfrutar esse tempo, assim como colocar o computador perto da entrada da cozinha. Os adolescentes acharão meios de satisfazer seus anseios de privacidade sem os pais entregando a eles uma mensagem que diz: "Nós estamos aqui apenas se você sentir espontaneamente como se estivesse se comunicando conosco. Caso contrário, divirta-se com o equipamento eletrônico que nós compramos para você".

Tecnologia Dada e Tecnologia Tirada

Justamente quando começamos a nos desesperar com famílias perdendo para a tecnologia a batalha pelo tempo em família, surge uma nova tecnologia que as famílias podem usar atentamente para domesticar a televisão. Estamos nos referindo às *replay boxes* [caixas de reprodução] da televisão digital, que prometem transformar a maneira como os americanos assistem à televisão. Esses dispositivos permitem gravar até 320 horas de programas de televisão, que podem ser reproduzidos sempre que o telespectador quiser assistir a eles. As caixas rastreiam as faixas preferidas da televisão e gravam automaticamente os programas sem ser programadas. As operações de gravar e reproduzir ficam muito mais fáceis do que com o videocassete, que muitas pessoas nunca dominaram além do ato de colocar um vídeo no aparelho e assistir. Michael Lewis, autor do livro *Next: The Future Just Happened*, sustenta que essas caixas de reprodução digitais colocarão nas mãos dos telespectadores o controle de quando eles assistirão à televisão, porque não estarão mais amarrados ao horário em que um programa vai ao ar.

Mais uma vez, ocorre um cenário de boas/más notícias com essa tecnologia de ponta, que os especialistas da mídia acreditam que irá substituir os videocassetes e aparelhos de DVD nos lares americanos. A má notícia é que os levantamentos iniciais indicam que as pessoas que têm esses dispositivos passam mais horas assistindo à televisão, provavelmente porque elas não definem quais os seus programas favoritos. A boa notícia chega na forma de uma nova oportunidade de controlar o que a família assiste. Parece que os primeiros compradores das caixas de reprodução raramente assistem aos programas de televisão enquanto eles chegam ao vivo em seus televisores. Eles os armazenam nas caixas e os assistem quando é conveniente. O que isso significa é que os pais terão a tecnologia para permitir às crianças assistirem somente a programas pré-gravados que eles receberam permissão de assistir. Em outras palavras, a televisão pode ser permanentemente desligada como uma fonte de programas ao vivo. Os pais podem recuperar o planejamento da mídia para a família. Se as crianças tentarem programar horas extras, é fácil para os pais verificar que programas a caixa está planejando gravar. Como um bônus, pode-se pular os comerciais com essa tecnologia, uma bênção para muitos pais e algo provavelmente perdido pelas crianças. É desnecessário dizer que as caixas de reprodução digitais podem ser usadas pelos próprios pais para ganhar controle sobre a sua própria tendência de selecionar e assistir a um programa depois do outro na televisão programada.

Nossa posição, como pais, é que devemos estar alertas à maneira como a tecnologia pode nos ajudar a dominar a própria tecnologia, e que nós podemos usá-la para promover ligações na família. Observe como os *e-mails* têm ajudado os estudantes de faculdade e os seus pais a manter contato, e até mesmo a compartilhar sentimentos e observações que poderiam ser muito ameaçadores se fossem expressos pessoalmente. Griff dá aos seus filhos, jovens adultos, vislumbres de sua vida pessoal por meio de *e-mails* ocasionais de trechos do seu diário. Eles podem decidir lê-los ou não, ou iniciar uma discussão sobre eles. Griff também abre regularmente uma janela de mensagem instantânea em seu PC, de modo que, quando eles estão no computador, podem espontaneamente se manter em contato ao longo da semana, mesmo que estejam separados por centenas de quilômetros. Ele acha que o uso dessas tecnologias está aprofundando o seu relacionamento com os filhos de maneiras inesperadas.

Quanto mais aumentamos o número de fios em nossa casa, menos nos ligamos uns com os outros na família. Mas isso não é culpa da tecnologia. É nossa culpa, por não sermos proativos em domesticar essa fera. Imagine que a nossa casa e a vizinhança foram dominadas por cães selvagens que entraram no ambiente humano, mas nunca foram domesticados. A presença e as ações deles diminuiriam a qualidade do nosso mundo. Mas nós sabemos que os seres humanos e os cães têm vivido juntos em paz relativa e afeição mútua durante milênios; para muitos de nós, os cães são como membros da família. É porque nós, seres humanos, conseguimos entendê-los e aprendemos a viver com eles, e os ensinamos a viver conosco. Podemos fazer o mesmo com a tecnologia, o mais novo "bicho de estimação" da família humana, que poderia ameaçar os nossos vínculos mais profundos se deixássemos, mas que pode alimentar os nossos vínculos mais profundos se tivermos certeza de que a vida da nossa família vem em primeiro lugar.

· 8 ·

A Família em Primeiro Lugar em Famílias com Pai e Mãe

Na família Maloney, era a mãe, Emily, que advogava os rituais de jantar da família. Os jantares haviam sido importantes nos seus anos de crescimento, e ela queria o mesmo para a sua família. Seu marido, Bruce, não era contra jantares em família, mas não os considerava uma prioridade. À medida que os seus três garotos cresciam e empurravam para mais tarde os limites do ritual de jantar — chegando tarde ou programando atividades para esse horário —, Emily protestava enquanto Bruce os desculpava. (As crianças, é claro, sabem instintivamente quando os seus pais não estão de acordo em relação a certa expectativa, e tiram vantagem disso.) Os garotos queixavam-se de estar com fome e tendiam a "beliscar" antes que o pai voltasse para casa, em vez de esperá-lo para jantarem como uma família. Eles faziam *lobby* para deixar a televisão ligada enquanto comiam. Mesmo que a mãe a tivesse desligado, o pai às vezes a ligava novamente quando chegava em casa, se houvesse alguma coisa que ele quisesse assistir no noticiário. Com o tempo, Bruce uniu-se às crianças numa resistência passiva ao que ele considerava uma rigidez de sua mulher no que se referia a jantares em família.

Finalmente, Emily desistiu e se tornou uma telespectadora e beliscadora. Mas ela se sentia triste e culpada por isso, e irritada com o marido. Então, Emily compareceu a uma palestra pública sobre a importância dos jantares em família. Agora, zangada consigo mesma por ter desistido, ela declarou para o restante de sua família que as coisas tinham de mudar. "Nós reviveremos as refeições em família", ela anunciou, "começando com os jantares aos domingos. Faremos jantares especiais aos domingos." Seu marido não se manifestou enquanto ela falava, e os garotos ficaram mal-humorados.

Quando a noite de domingo chegou, uma partida de futebol profissional estava com morte súbita decretada na hora marcada para o jantar. Bruce e seus garotos suplicaram por um adiamento. O frango começou a secar no forno. Nenhum dos times marcara pontos na primeira posse de bola. O arroz começou a esfriar, enquanto a cabeça da própria Emily começou a ferver. Finalmente, todos se sentaram para uma refeição aborrecida. Você acha que Emily manteve a sua resolução sobre jantares aos domingos depois disso? Esqueça.

Famílias com pai e mãe são freqüentemente os melhores ambientes, mas às vezes são os piores, para as crianças crescerem. Se você vive numa família com pai e mãe, dispõe da vantagem de ter ao seu lado um outro adulto comprometido em apoiá-lo na criação dos seus filhos. Você tem alguém por perto para conversar, para compartilhar tomadas de decisões e para ajudar a dividir a carga de trabalho. Os seus filhos têm um modelo de adultos que trabalham juntos para o bem de outras pessoas.

Você também sabe o que pode dar errado quando os pais não educam as crianças como uma equipe. Se os pais seguem em sentidos contrários, então as regras da matemática são violadas: um mais um é menor do que apenas um dos pais. Dois pais que solapam um ao outro têm mais dificuldade para criar crianças responsáveis do que um único pai competente.

Quando se trata de fazer da vida em família a prioridade máxima, a questão principal é saber se você e sua mulher compartilham valores semelhantes a respeito de como fazer uso do tempo da família. Considere a família Schneider. Marvin está tentando colocar mais equilíbrio na programação da família. Ele não pretendia estar tão ocupado, mas, agora que as crianças estão sendo convidadas para se juntar a times de esporte itinerantes, ele é a favor de adotar atitudes do tipo podar ou dar um basta. Sarah, sua mulher, acredita que está muito mais em contato com as necessidades das crianças contemporâneas. Ela sabe quais são as atividades em que as crianças da vizinhança estão envolvidas, e não quer menos do que isso para as próprias filhas. Quando Sarah e Marvin discutem sobre a decisão iminente de inscrever a filha de 12 anos, Rachel, numa equipe de futebol itinerante, Sarah pressupõe que Marvin é muito pouco ativo para acompanhar a filha. E não são todas as crianças, ela explica, boas o suficiente para ser convidadas para fazer testes de admissão nessa equipe. Suas melhores amigas estão fazendo esses testes. Ao menos deixe que ela descubra se é boa o suficiente para fazer parte da equipe.

Marvin, por sua vez, acredita intuitivamente que o tempo da família deveria ser uma valorização maior em suas vidas, mas não é capaz de articular muito bem qual seria o valor adequado. Em vez disso, ele focaliza a inconveniência das viagens programadas, a pressão que ele registra sobre os fins de semana e a preocupação geral com o fato de que a filha estará demasiadamente atarefada. Sarah, como a maioria das mães, é a líder familiar designada para assuntos relativos à criação dos filhos. Ela não leva a sério as objeções de Marvin, respondendo a cada uma como uma boa argumentadora. A temporada de viagens é uma grande oportunidade para sair da cidade e confraternizar com outras famílias. Sua filha nunca esteve tão contente quanto nas ocasiões em que está ocupada; ela não tem tempo suficiente para se preocupar com as coisas. Sarah vence, declarando a sentença, e Marvin, amuado, a acompanha.

Se Marvin tivesse sido mais capaz de articular os valores que estamos sustentando neste livro, a discordância do casal poderia ocorrer sobre uma base mais equilibrada. Teria contrastado dois objetivos legítimos: o objetivo de Rachel, de apoiar atividades externas significativas, e o objetivo de ter um vida familiar equilibrada, com tempo suficiente para as atividades da família e a oportunidade de a família toda desfrutar um tempo livre de atividades programadas. Em famílias com pai e mãe, quando um dos pais perde de vista as necessidades da família de tempo e atividades conjuntas, cabe ao outro pai levantar a bandeira da família e mantê-la erguida. Mas você tem de levantar uma bandeira de valores e ideais, e não apenas uma bandeira de conveniências e de preocupações vagas. A maioria dos pais poria de lado a inconveniência no interesse das oportunidades para os seus filhos, e as vagas preocupações a respeito de eles estarem superatarefados não competem com as recompensas tangíveis das atividades externas. Você tem de manter os seus olhos voltados para o prêmio de uma vida familiar equilibrada e conectada, na qual a criança poderá dispor de tempo suficiente para ser criança. Esses são valores pelos quais vale a pena lutar numa família com pai e mãe.

A liderança compartilhada funcionou melhor em outra família em que o pai, que fora campeão de natação, estava incentivando o filho a participar de programas de natação progressivamente mais competitivos. Daniel, seu filho de 8 anos, passou a apresentar sintomas de *stress* na escola — dores de cabeça e de estômago — mas nunca teria dito ao pai que queria ir mais devagar com a natação. O pai se gabava, a qualquer um que quisesse ouvi-lo, de como o seu filho estava mais avançado do que ele mesmo quando tinha 8 anos de idade. Ele rejeitou a preocupação de sua mulher sobre o quanto o garoto estava ficando cansado e preocupado, e como ele parecia não estar desfrutando da natação, embora fosse excelente nadador. Por fim, a mãe conseguiu despertar a preocupação do orientador da escola para questionar o seu marido a respeito da obsessão dele com a natação do filho. O pai concordou com uma conversa leve com o filho, na qual a mãe gentilmente lhe perguntou se ele gostaria de não participar da próxima temporada de natação. Olhando de modo cauteloso para o pai, o garoto, tranqüilamente, disse: "Sim, isso seria bom". Para a sua sorte, esse pai aceitou uma reversão nas expectativas que tinha a respeito do filho. Porém, se o pai fosse a única autoridade responsável na família, sem uma mulher para dar equilíbrio, as coisas poderiam ter ficado muito piores para o garoto antes que o pai mudasse de atitude.

Neste último cenário, a mãe bate o pé e diz: "Chega!" É importante ser capaz de fazer isso de vez em quando numa família com pai e mãe. Porém, proibições unilaterais não podem ser o material permanente do trabalho em equipe dos pais. Se você quer criar o seu filho numa família equilibrada, precisa despender tempo e energia batendo na mesma tecla com o seu cônjuge. Caso contrário, você ganhará algumas batalhas, mas, finalmente, perderá a guerra para a cultura frenética e competitiva da atualidade, que pode ser forte demais para que apenas um dos pais resista se o outro é favorável a ela. Se o seu cônjuge não trabalhar em conjunto com você nessas importantes preocupações, então peça ajuda a algum terapeuta de família. As apostas no sucesso dos seus filhos são muito altas.

Como Ser uma Equipe de Pai e Mãe que Coloca a Família em Primeiro Lugar

Aqui estão algumas idéias a respeito de trabalhar junto com do seu cônjuge, coletadas a partir da nossa experiência pessoal e profissional.

- *Falem abertamente juntos* a respeito dos valores que vocês sustentam relativos à vida da família, e do que vocês pensam a respeito do equilíbrio entre o tempo da família e as atividades externas. Não suponha que vocês vejam as coisas do mesmo modo ou que sustentem os mesmos valores com a mesma ordem de prioridade.
- *Esclareçam os seus valores como pais* discutindo sobre aspectos específicos do tempo da família — refeições, hora de ir para a cama, comparecimento a atividades religiosas, férias.
- *Conversem especificamente a respeito dos temas que estivemos discutindo neste livro.* Vocês dois vêem uma tendência em sua comunidade para a adoção da hiperatividade programada? Para a adoção da competição excessiva na infância? Essas tendências constituem uma ameaça para a sua própria família?
- *Olhem para suas diferenças e coloquem-nas sobre a mesa.* Algum de vocês dois tende a sair perdendo no que se refere ao tempo da família e aos rituais da família, enquanto o outro é mais rigoroso? Um de vocês é mais exageradamente entusiasta a respeito das atividades

externas para as crianças? Tente trazer à tona essas diferenças sem fazer de um dos pais o malvado. Conversem a respeito de onde, na sua história, as suas diferenças podem ter surgido. Isso pode ser valioso de ambas as perspectivas.

- *Concordem com o fato de que vocês constituirão uma frente unida com os filhos.* Assumam o compromisso de trabalhar com as suas diferenças como pais e às vezes misturá-las.
- *Vocês dois devem apoiar e impor as decisões finais.* Uma vez que concordaram com as expectativas dos seus filhos, vocês deveriam ser coesos em realizá-las. Se a hora de ir para a cama é 8h30 da noite, ambos os pais devem impor isso, mesmo que um deles sinta mais fortemente essa decisão.
- *Experimentem trocar de papel.* Se vocês se reconhecerem presos aos papéis do "impositor" versus o "despreocupado" com os filhos quando se trata do tempo e dos rituais da família, planejem deliberadamente um período para reverter esses papéis. Por exemplo, deixe que o pai "despreocupado" se encarregue da preparação das crianças para a hora de dormir ou diga não para noites passadas em meio a excessos com os amigos.
- *Discordem em particular.* Se você tem preocupações a respeito do comportamento como par ou das decisões do seu companheiro, conversem sobre isso em particular, em vez de bombardear o companheiro na frente das crianças.
- *Reservem tempo para o seu próprio relacionamento.* Nós dedicamos o capítulo 11 a esse ponto importante.

As crianças se apegam não apenas aos pais, mas também ao relacionamento dos pais entre si. Famílias com dois pais amorosos e cooperativos constituem claramente o melhor ambiente para as crianças de hoje serem criadas. Porém, o fato de haver pai e mãe em casa não garante que eles trabalharão juntos para criar bons cidadãos. Mesmo os pais com valores semelhantes precisam ser bons negociadores.

A Arte de Negociar Mudanças com o Seu Cônjuge

A maioria de nós se acostuma com as coisas da maneira como elas têm transcorrido na nossa família, mesmo que a maneira como elas têm transcorrido não seja sempre satisfatória. As rotinas e os rituais da família têm vida própria. Se a sua família comemora o Natal, tente mudar o horário em que ela abre os presentes de Natal e você estará provocando uma briga. A mudança também pode ser difícil se os padrões da família derem o máximo de liberdade individual aos seus membros, como nas refeições familiares feitas na correria, e não naquelas que são organizadas, ou em visitas a parentes que são opcionais para as crianças, ou nas crianças que vão para a cama na hora em que bem entenderem. Por essas duas razões — o peso da tradição e o anseio de preservar a independência —, os rituais de família são difíceis de ser criados ou modificados. E o maior desafio pode ser o seu cônjuge, que, como um adulto, pode não estar interessado em mudar para se adaptar a idéias de "última moda" que você tirou de algum livro!

O risco mais imediato que você enfrenta quando recomenda um corte ou uma poda nas atividades externas ou a criação de novos rituais é que o seu parceiro poderia vê-lo como um controlador. O resultado é que toda a sua família poderá reagir negativamente antes que eles sequer considerem os méritos da sua idéia. Na área do tempo do casal, por exemplo, se você sugerir ao seu cônjuge que seria bom se vocês dois começassem a ir para a cama ao mesmo tempo, é provável que receba uma defesa elaborada das diferentes necessidades de sono dele e uma crítica dos seus próprios padrões relativos à hora de dormir. "Claro, eu poderia ir para cama às oito horas com você todas as noites, e então ficaria lá deitado, olhando fixamente para o ventilador no teto até a meia-noite, enquanto você ficaria roncando." Se você anunciar aos seus filhos adolescentes, que beliscam a comida na hora do jantar, que você quer mais jantares em família, e não tiver chegado a um acordo prévio com o seu cônjuge, é provável que escute um coro de observações indignadas a respeito das atividades programadas espremidas a que eles se entregam e do menu pobre que você prepara — e não terá um parceiro capaz de lhe dar apoio e retaguarda.

Então, qual é o melhor caminho? Tente começar com você mesmo. Esclareça as necessidades que você quer satisfazer com um ritual novo ou modificado e os valores que você quer promover. Necessidades e valores são as melhores justificativas para propor que o navio da sua família mude de rumo. Pode se tratar das suas necessidades e valores pessoais, ou da sua noção das necessidades e dos valores da família. Digamos que você perca a sensação de intimidade que sentia quando a família fazia passeios de carro nas tardes de domingo, ou jogava mexe-mexe nas manhãs de sábado. Você quer que a família possa encontrar uma maneira de todos os seus membros desfrutarem juntos um tempo sem atividades programadas e brincarem mais juntos.

Comece, então, com as suas necessidades e os seus valores, e não com uma proposta direta ou com uma crítica ao *status quo*. Se você pedir por mudanças sem uma discussão sobre a ajuda que elas proporcionam, corre o risco de provocar uma discussão sobre aspectos específicos da sua proposta, como quando você diz: "Eu penso que nós deveríamos ter jantares em família com mais freqüência", sugestão que pode ser refutada com a resposta do seu marido: "Para mim não é possível estar em casa para o jantar todas as noites!" O melhor é você começar dizendo que sente falta dos jantares em família porque eles são o seu tempo preferido com a família. Por enquanto, deixe a solução específica de lado. Se o seu marido, de imediato, responder defensivamente, você poderá retrucar dizendo: "Eu não sei exatamente o que nós podemos fazer. Só estou dizendo que sinto falta dos jantares em família. E você? Você sente falta deles?"

Do mesmo modo, se você começar criticando uma atividade externa que a seu ver está interferindo no tempo da família, pode provocar uma atitude defensiva. É provável que a afirmação: "Nós passamos tempo demais nos recitais de dança" se choque com outra afirmação: "Mas Erin adora a sua dança!" Comece atacando e você será retaliada.

Eis algumas diretrizes para uma negociação construtiva do tempo da família e dos rituais de família, extraídas do livro de Bill, *The*

Intentional Family: Simple Rituals to Strengthen Family Ties. Essas diretrizes devem ser discutidas pelos pais, mas elas se aplicam igualmente bem a outros membros da família.

1. *Escolha um momento pacífico para a discussão.* É geralmente errado propor mudanças no uso do tempo da família e nos rituais de família num momento de tensão ou de conflito. É possível que você introduza a sua proposta de forma zangada e exigente. É provável que o seu companheiro manifeste pouca intenção de acompanhá-la, ou resista sem se abrir à sua proposta. Em vez disso, espere por uma ocasião mais calma, quando ambos puderem ser mais construtivos.

2. *Diga que você gostaria de discutir a respeito de uma atividade externa específica ou de um ritual de família.* Diga ao seu parceiro que você esteve pensando sobre esse assunto, e que você também quer ouvir os pensamentos dele. É geralmente melhor tentar resolver o problema de uma atividade ou um ritual de cada vez, embora você possa examiná-los à luz dos seus valores globais a respeito da vida em família.

3. *Diga o que você está sentindo ou do que está precisando com relação às atividades externas ou aos rituais.* Exemplos: "Eu estou sentindo falta daquilo que os nossos jantares em família costumavam nos dar — um sentimento de união e proximidade da família"; "Quando olho para as atividades programadas para o ano que vem, fico apavorada vendo que terei de acompanhar de novo o futebol itinerante, pois sinto falta de um tempo livre com a família nos fins de semana".

4. *Convide o seu parceiro para compartilhar com você os próprios sentimentos, necessidades e pensamentos a respeito do ritual.* Ele pode estar se sentindo da mesma maneira que você, ou de maneira totalmente diferente. Você captará até que ponto o seu parceiro se sente aberto para mudar o ritual, começar um ritual novo ou eliminar uma atividade.

5. *Ofereça as suas idéias para a mudança como uma medida provisória, e não definitiva.* Uma vez que você esteja preparado para fazer a sua proposta, tenha em mente que o marido, a mulher e outros membros da família resistem quando se sentem pressionados a fazer mudanças. Convide para uma discussão em vez de dar comandos:

"Talvez você possa imaginar uma maneira de realizar os jantares em família com mais freqüência — não todas as noites, mas com freqüência maior do que nós fazemos"; "Você está disposto a conversar comigo sobre como poderíamos passar mais tempo juntos como uma família nos fins de semana?"

6. *Proponha que a família reúna dados a respeito do que realmente está se passando.* Um casal decidiu manter um "diário de bordo" registrando quantas vezes por semana todos eles jantavam juntos. O resultado foi um choque para o pai relutante, que então concordou em fazer mudanças.

7. *Negocie um teste de desempenho para uma solução que equilibre as necessidades de todos.* O seu filho de 12 anos de idade poderia continuar jogando futebol, mas apenas durante seis meses, em vez de doze, ou no time local, e não no itinerante. Sua filha de 10 anos de idade poderia escolher um instrumento musical, em vez dos dois que ela estuda atualmente. Você concorda em instituir uma noite especial de quarta-feira com a família para uma bela refeição seguida de jogos, embora continue aceitando que, por enquanto, as outras noites da semana serão mais caóticas.

8. *Concorde em fazer um acompanhamento para ver como cada membro da família encara uma nova atividade familiar ou uma atividade modificada.* As pessoas ficam mais dispostas a tentar alguma coisa quando sentem que poderão voltar atrás se o novo ritual não funcionar. E até mesmo bons planos para rituais freqüentemente requerem ajustes depois de se conviver com eles por algum tempo.

Essas recomendações constituem o *caminho direto* para criar ou mudar padrões de tempo da família: chamar a atenção para as suas necessidades, valores e preocupações; escutar; propor mudanças; reunir dados; negociar antes de testar alguma coisa; e avaliar como essa coisa funciona. Uma segunda opção é o *caminho indireto.* Aqui, "indireto" não significa manipulativo; significa criar uma experiência antes de propor que ela se torne um ritual. O método indireto de iniciar ou de mudar rituais tem três passos:

1. *Faça alguma coisa acontecer uma vez sem maiores comentários.* Você poderia dizer: "Por que nós não tentamos alguma coisa diferente desta vez?" Se o seu marido e as crianças concordarem com isso, eles poderão ter uma nova experiência que talvez queiram repetir. Lembre-se de Sue no capítulo sobre as refeições em família. Num ano-novo, ela transferiu o jantar para a sala de jantar, oferecendo a refeição em belas louças. Foi um grande sucesso, e isso introduziu um novo ritual semanal que envolveu uma refeição mais elaborada seguida de jogos.

2. *Pergunte aos membros de sua família como eles se sentiram a respeito da nova atividade e se eles gostariam de transformá-la em um ritual de família no futuro.* Poderia não ter ocorrido um acordo tão rápido se Sue tivesse perguntado ao marido e às crianças o que eles achariam de desfrutar uma refeição especial na sala de jantar a cada semana. Pense no caminho indireto para mudar como alguma coisa semelhante a introduzir novos tipos de refeição: com freqüência, é melhor tentar alguma coisa antes de discutir se ela deve ser acrescentada ao menu regular da família, e às vezes é melhor para o cozinheiro preparar um novo prato sem anunciá-lo de antemão. A prova está na comida — e na experiência do ritual.

3. *Negocie as especificidades do novo ritual.* Idealmente, todos deveriam ficar a par dos detalhes de como o novo ritual, ou o ritual modificado, seria incorporado à vida da família. No caso da família de Sue, o pai se ofereceu para trabalhar com as crianças com o propósito de preparar uma refeição especial para as noites de quinta-feira, e então jogos foram acrescentados à mistura.

Uma terceira maneira de iniciar ou mudar atividades é o método da descoberta: você percebe que gosta de alguma coisa que já está fazendo, e propõe fazer disso um ritual. Como descrevemos no capítulo 6, depois que a família Doherty se mudou para Minnesota, passou a freqüentar o restaurante Davanni's para comer *pizza* sem nenhuma intenção de começar um ritual em família. Depois de passar vários meses indo lá todas as noites de sexta-feira, as pessoas de família começaram a perceber que haviam feito desse programa um ritual, e decidiram juntos se comprometer a convertê-lo num ritual de conexão fora de casa. O que era uma rotina temporária tornou-se um ritual de família. A primeira discussão a respeito de fazer disso um ritual ocorreu entre Bill e Leah, para terem a certeza de que estariam juntos nisso.

Como dissemos, uma família com pai e mãe, amorosa e cooperativa, é certamente o ambiente perfeito para as crianças e os pais. Mas famílias com apenas um dos pais têm, às vezes, a vantagem da liderança bem-definida: o pai ou a mãe estabelecendo as prioridades. Nas famílias com pai e mãe, sempre haverá algumas diferenças na maneira como os pais pesam as prioridades relativas ao tempo da família. Eles podem usar essas diferenças para criar um ambiente familiar mais criativo para eles mesmos e seus filhos, ou podem dirigir em direções diferentes. Se todos se empenharem juntos com o propósito de colocar a família em primeiro lugar, isso proporcionará uma infância rica para os nossos filhos e uma paternidade/maternidade satisfatória para nós.

· 9 ·

A Família em Primeiro Lugar em Famílias só com o Pai ou a Mãe

Os pais solteiros estão sujeitos tanto à acusação como à complacência em nossa sociedade. A acusação chega a ponto de considerar as mães solteiras responsáveis pela maior parte dos males sociais. A complacência vem numa linguagem como, por exemplo, "heróicos pais solteiros" que realizam um "maravilhoso trabalho" de criar os filhos. É verdade que ser pai solteiro ou mãe solteira é uma das tarefas mais difíceis na sociedade contemporânea. Mas também oferece a oportunidade de recomeçar a vida em família, ser criativo com relação aos rituais de família e envolver os filhos moldando deliberadamente os valores da família e o seu futuro. Algumas das famílias mais altamente intencionais que nós conhecemos são de pais solteiros, bem como algumas das mais sobrecarregadas e fora de controle. Dois fatores parecem distinguir os dois grupos: imposição de limites efetivos e administração do tempo e dos rituais da família.

Quase todas as famílias só com o pai ou a mãe nascem do rompimento de um casamento ou de um caso de amor, ou da perda inesperada de um parceiro conjugal devido à morte. A família Jarvis se desfez depois de anos de luta de Maria para fazer que o marido, Jack, ficasse mais envolvido com ela e com seus dois filhos, Rick, de 9 anos, e Lu Anne, de 7. Um habilidoso engenheiro executivo em seu mundo de trabalho, Jack era emocionalmente vazio na vida pessoal. Quando Maria pediu que ele fosse embora, ele ficou arrasado; não conseguia acreditar que ela estivesse falando sério em suas queixas. Depois de dois meses, Jack começou a receber as crianças em seu apartamento em fins de semana alternados, mas nunca lhes preparou um jantar, alegando que era completamente incapaz de cozinhar. Suas outras habilidades ao cuidar das crianças também eram mínimas; ele havia deixado a criação dos filhos quase exclusivamente nas mãos da mulher durante o seu casamento. Quando as crianças voltavam para a casa da mãe depois de visitar o pai, elas estavam selvagens por causa da falta de estrutura durante o fim de semana.

Quanto a Maria, ela estava fora de si, preocupada com o futuro. Com nível médio de instrução e nenhuma habilidade profissional relevante, ela não sabia como começar uma nova vida. E não era só isso: sua própria família a havia renegado por ela ter desfeito o casamento com um "homem tão bom". A maioria dos seus amigos era constituída de casais de amigos que agora estavam seguindo rumos diversos devido ao divórcio. Lamentavelmente, como acontece em muitos divórcios, Maria vivenciou as maiores perdas no convívio social.

Defrontada com esses problemas, ela apenas fingia tomar conta dos filhos. A primeira baixa do rompimento foram os jantares em família. No passado, Maria preparava belas refeições, certificava-se de que todos estavam presentes para o jantar por volta das seis horas da tarde, e orquestrava as conversas de modo que as crianças tivessem a oportunidade de contar como havia sido o seu dia. Depois que Jack foi embora, os jantares não tinham mais hora certa. Maria se tornou uma cozinheira de comidas rápidas, preparando sem antecipação o que cada filho iria comer naquele dia, e ela mesma parou de jantar. Nas ocasiões em que eles se sentavam como um grupo de três para comer, a televisão ficava ligada, e Maria não se concentrava na conversa como fazia no passado. Ela não havia tomado uma decisão consciente de interromper o ritual de jantar da família, mas um rio estava puxando essa família para a cachoeira, e rapidamente.

A segunda baixa foram os rituais da hora de ir para a cama. Jack nunca havia participado deles, e não sabia o que fazer quando estava com as crianças, a não ser mandá-las para a cama ou deixá-las cair no sono na frente da televisão. Maria costumava conversar com cada criança na hora de dormir, mas agora ela apenas queria se livrar delas no final do dia, especialmente porque elas demonstravam a sua aflição lamuriando-se constantemente e brigando. Como ela se sentia culpada por ter negligenciado o ritual da hora de ir para a cama, que ela praticara durante muito tempo, às vezes cedia aos pedidos das crianças de que lesse para elas. Mas a leitura era um ritual vazio por causa da dúvida quanto a se deveria ou não fazê-lo, e por causa das crianças, que agora, tendo conquistado a sua atenção, tentavam pedir mais tempo do que Maria, exausta, sentia que era capaz de oferecer. O ritual da hora de ir para a cama foi eliminado, e as crianças passaram a procurar por atenção negativa durante o dia como um substituto para a atenção positiva que havia antes à noite.

No meio desse terrível período de ajuste ocorreu um importante ritual anual de família: o aniversário de 9 anos de Rick. Ainda desnorteado por ter de viver sozinho e de cuidar das crianças de quinze em quinze dias, Jack esperava que Maria chegasse com os presentes e a festa de aniversário. Maria cumpriu o seu tradicional serviço de comprar os presentes, mas não sabia como preparar a festa, que tradicionalmente envolvia famílias grandes de ambos os lados. Ela estava indisposta com a própria família e não falava com a família de Jack desde a separação. Quanto a convidar Jack, Maria sabia que Rick queria muito que o pai estivesse presente na festa, e que Jack provavelmente não faria uma festa separada para Rick. Então ela o convidou. O resultado foi uma festa de aniversário infernal. Depois do bolo, das velas e dos presentes, as crianças grudaram no pai e lhe pediram para ficar naquela noite. Jack irrompeu em pranto e implorou que Maria o recebesse de volta. Quando ela se recusou e lhe pediu para ir embora, sentiu-se como uma bruxa malvada. Feliz aniversário, Rick.

Tempo: O Amigo e o Inimigo das Famílias de Pais Solteiros

Se muitas famílias americanas da atualidade sofrem de carência de tempo em família, famílias com um único pai ou mãe sofrem de inanição em relação a esse tempo. Muitos pais solteiros têm um emprego, mantêm a família em funcionamento, criam as crianças e às vezes fazem cursos de aperfeiçoamento profissional. (Nós conhecemos mães que trabalham em dois ou três empregos para poder pagar os extras que elas querem que os seus filhos tenham, como acontece com todas as outras crianças.) Acrescentando-se a essa preocupação a nossa presente fixação cultural por tornar cada criança atarefada e programada, você tem uma receita para o colapso por fusão. Todas as mães num grupo de mães solteiras que entrevistamos para este livro concordaram com o fato de que encontrar tempo era o seu desafio número um. Elas trabalham durante todo o dia, vão para casa, fazem pequenos trabalhos domésticos, preparam o jantar, ajudam com as lições de casa e então desmaiam.

Nós conhecemos mães solteiras, como Diane, que estão determinadas a não deixar que os filhos percam oportunidades disponíveis a crianças de famílias com pai e mãe. O que ela não percebe é que muitas crianças em famílias com os dois pais estão vivendo vidas frenéticas, vidas sem equilíbrio. Então, Diane programa seus filhos gêmeos com uma lista enorme de atividades: lições de música, futebol, ginástica, caratê, além do coral das crianças na igreja. Diane é a única motorista para ir a todos esses lugares. Noites e fins de semana são um turbilhão de atividades. O que falta são atividades tranqüilas no lar, refeições em família, rituais da hora de ir para a cama e passeios em família. Uma vez que as atividades programadas dos seus filhos gêmeos são muitas, há poucas visitas aos avós e aos outros membros da família mais ampla, dos quais Diane poderia receber algum apoio.

Para muitos pais solteiros, é um inferno se você faz, e um inferno se você não faz. Ao contrário de Diane, Tracie não sobrecarrega de atividades programadas a filha de 9 anos e o filho de 6. Cada criança tem um limite de duas atividades externas — uma aula de música e um esporte pouco intensivo. Toda a família janta reunida provavelmente quatro noites por semana, e os fins de semana são dedicados a realizar pequenos trabalhos domésticos, fazer pequenos passeios com alguma finalidade e brincar. Como Tracie se sente a respeito dessa situação? Ela se desculpa! Ela queria dar mais oportunidades para os filhos, como acontece com amigos que ela tem em famílias com pai e mãe, mas o seu nível de energia é muito baixo, e ela simplesmente não é capaz de lidar com uma agenda muito cheia. Ela se preocupa achando que os filhos estão perdendo oportunidades, quando na verdade eles têm a vida mais equilibrada da rede social a que pertencem.

Dawn lidou com a devastação provocada pela partida repentina do marido de diversas e singulares maneiras:

> Desde o começo, eu estava determinada a não perder o "tempo da família" que se seguiu à minha separação e ao meu divórcio. Como eu valorizava e reconhecia a necessidade do tempo da família para manter as famílias fortes, e como eu era o único dos pais no comando, deliberadamente me comprometi a estabelecer e a manter limites para reter e conservar esse bem precioso. Uma estratégia que me ajudou imensamente foi a de me livrar da televisão por alguns meses, quando nós lidávamos com a aflição e as mudanças que acompanham o divórcio. O fato de não usar esse aparelho entorpecedor forçou os meus filhos e eu a conversar, a chorar e a brincar juntos, o que promoveu a nossa cura como uma família.

Quando indagada a respeito de como ela lidava com as atividades externas como mãe solteira, Dawn respondeu:

> Simplesmente, nossas finanças e nossas circunstâncias não permitiam muitas atividades externas, por isso os meus filhos limitaram a sua participação em dispendiosos programas esportivos e eventos extracurriculares. Nós tiramos vantagens de muitos programas de aprimoramento realizados na própria escola e no período pós-escola, pois eles eram geralmente financiados, de duração limitada e promoviam o fortalecimento da auto-estima... Meus filhos tinham a determinação que os levava a encon-

trar maneiras de ir atrás de suas paixões, e eles dão muito valor a essas experiências porque elas contribuem para que os seus sonhos possam se realizar.

A história de Dawn fala de uma irônica vantagem que pais solteiros têm: *eles não podem competir com dois pais na corrida de ratos da infância dos dias de hoje, por isso são livres para não tentar fazê-lo.* Longe de sentir pena das famílias com um pai solteiro que mantêm uma modesta programação de atividades externas, o restante de nós deveria aprender com elas.

Remodelando Rituais de Família depois do Divórcio

Nem todas as famílias ficam incapacitadas depois do fim de um casamento, mas a maior parte das famílias vivencia rupturas significativas nos seus rituais de conexão, de celebração e de comunidade. É como se o velho roteiro da família fosse jogado no lixo, e dois novos roteiros precisassem ser escritos. A criação de rituais de família separados é um passo-chave para se ter duas famílias que podem sustentar e alimentar crianças, e que podem ser locais alegres para os adultos.

O *primeiro desafio para as famílias com pais solteiros é se enxergarem como verdadeiras famílias, e não apenas como pedaços de uma família.* Quando houve uma perda, seja devido ao divórcio ou à morte, os membros restantes da família na casa às vezes têm problemas em se ver como uma família completa, embora por algum tempo se vejam como uma família aflita e ferida. Por meio da terapia, Maria Jarvis veio a perceber que, embora sentisse que não podia mais continuar casada com Jack, ela e as crianças eram uma família inteira. Somando-se ao *stress* e à desorganização que ela estava vivenciando, ela percebeu que não parecia certo ter as refeições familiares da mesma maneira sem Jack, ou ir ao mesmo restaurante comer *pizza*, como faziam quando a família ainda incluía o pai. É por isso que ela sentia que não podia dizer não à vinda de Jack para as festas de aniversário; como poderiam os aniversários ser celebrados sem a família original?

O desafio de se sentir como uma família é ainda maior para o pai ou mãe "não-residente", geralmente o pai. Como você cria um sentido de família tendo apenas fins de semana alternados e duas semanas no verão? Jack Jarvis não trouxe consigo boas habilidades paternas ou de construção da família para a sua atividade paterna não-residente, mas, mesmo que tivesse trazido, a tarefa seria aterrorizante.

Quer você seja um pai solteiro residente ou não-residente, fazer que a vida da família se torne prioridade exige que você se enxergue como uma família verdadeira e aja como uma durante o tempo que vocês passam juntos. Para os pais residentes, que ficam com as crianças durante a maior parte do tempo, isso resulta em três estratégias:

- Mantenha a continuidade dos rituais que estavam funcionando bem antes.
- Modifique os rituais que não funcionam mais em sua forma original.
- Crie novos rituais para a nova família.

Depois de recuperar o seu equilíbrio, Maria Jarvis ressuscitou vários importantes rituais de conexão com seus filhos. Ela tomava o café da manhã com os filhos antes da escola e lhes perguntava a respeito do dia que começava; à noite ela fazia o jantar e desligava a televisão, e concedia a cada criança um momento exclusivo antes de dormir. As crianças ansiavam pelos seus rituais de família tradicionais durante épocas de *stress* e de inquietação, e os adultos geralmente também os acham reconfortantes, apesar do trabalho extra. As refeições poderão ser mais simples, as histórias contadas na hora de dormir poderão não ser tão longas, e os passeios de domingo ao zoológico, menos freqüentes, mas a continuidade dos rituais de conexão é fundamental depois da separação do casal.

Maria teve de modificar alguns rituais de família porque Jack havia assumido um papel que ela não conseguia interpretar, ou não queria. Quase todas as semanas, se fizesse tempo bom, a família costumava sair para fazer piquenique aos domingos, e depois Jack jogava bola e brincava de luta com as crianças. Maria não tinha nenhuma vontade de se tornar atleta a essa altura da vida, e esse nunca fora o seu estilo de se relacionar com as crianças. Ela e as crianças decidiram que fariam o seu piquenique num parque diferente, que tinha balanços e equipamentos para escalar que as crianças poderiam manejar sozinhas, sob o olhar atento da mãe. Desse modo, eles continuaram com um importante ritual de passeio, mas de uma forma diferente.

Depois que Maria voltou a trabalhar, sentiu que tinha muito pouco tempo para conversar com os filhos. Quando saía do trabalho, estava continuamente atuando como motorista das crianças, levando-as de uma atividade para outra. Nesse aspecto, ela era uma típica mãe solteira. Pesquisadores constataram que as mães solteiras constituem o grupo que faz o maior número de viagens de carro diariamente, incluindo todos os grupos da população, e com freqüência o fazem sob grande *stress* e com muitas distrações. Maria decidiu ser mais intencional com relação a esse tempo que passava dirigindo o carro com os filhos. Ela criou um ritual, quando estava dirigindo com uma criança por vez, de "você me conta uma coisa sobre o seu dia e eu conto uma coisa sobre o meu". Elas repetiam a narrativa quantas vezes quisessem. Maria então voltava a alguma coisa que o seu filho lhe teria dito e que exigia ser acompanhada com mais atenção.

O outro ritual de família criado foi o de sair para um *fast food* uma ou duas vezes por semana. O que fez disso um ritual, e não apenas uma rotina de sair para comer num *fast food*, foi que Maria e as crianças decidiram juntas em que noite sairiam. Elas alternavam entre dois restaurantes em vez de ficar discutindo a respeito de onde iriam a cada vez, e Maria tentou criar uma discussão em família na mesa. Para as crianças, era um trato que elas não tinham na família antiga, e para Maria era uma noite longe da cozinha e um tempo em que ela podia se concentrar em ter momentos relaxantes com os filhos depois de um dia atarefado em seu novo emprego.

Dawn também criou um novo ritual para os seus filhos:

> Como nós éramos uma família que desfrutava as refeições em conjunto, continuamos essa prática depois do divórcio; apenas mudamos as nossas refeições para a sala de jantar, pois a nossa mesa da cozinha acompanhou o meu ex-marido. Para lidar com essa

perda simbólica e dolorosa, meus filhos e eu fomos ao *shopping* juntos para comprar uma nova toalha de mesa, esteiras para travessas e guardanapos. Nesse novo cenário, nós continuamos nosso velho ritual de família de juntar as mãos e oferecer preces espontâneas de agradecimento antes das refeições, e em seguida conversar sobre os acontecimentos do dia... Eu continuava a recrutar a cooperação dos meus filhos na preparação da comida e na limpeza, o que nós fazíamos enquanto ouvíamos a nossa otimista música predileta, que sempre parecia levantar o nosso ânimo.

O mesmo tipo de trabalho ritual é necessário quando um dos pais morre. Numa família, quando a mãe morreu e deixou para trás o marido e quatro filhos pequenos, a vida ritual da família entrou quase inteiramente em colapso. De início, porque o pai estava esmagado pelo pesar, e depois por ter de criar os quatro filhos, um papel que havia deixado principalmente para a sua mulher. Ele vestia e alimentava as crianças, mas praticamente não havia nenhum ritual de família, com exceção de uma viagem anual a uma cabana juntamente com os parentes. Lamentavelmente, nem mesmo os aniversários das crianças eram comemorados rotineiramente a cada ano. A vida do ritual de família entrou em colapso, um fato que muitos anos depois trouxe tristeza e raiva para as crianças que estavam crescendo. Olhando para trás, eles também perceberam que houve uma ruptura do apoio por parte de seus parentes e da comunidade, que poderia ter interferido para ajudar o seu pai a lidar com rituais básicos, como os aniversários.

Ao contrário dessa família, os Skipper, amigos de Bill, tornaram-se ainda melhores em rituais de família depois da morte de Cindy, a mulher de Peter e mãe de Cassie, Lonnie e Petey. Além de preservar os seus rituais das refeições, da hora de ir para a cama e dos passeios, Peter envolveu mais as crianças na preparação das refeições, durante as quais ele passava o tempo conversando com qualquer dos filhos que o estivesse ajudando. As orações em família também ficaram mais significativas, agora como uma ocasião para se comunicar com Cindy e rezar por ela. Eles continuaram a fazer a sua viagem anual de *camping* junto com a sua antiga igreja em Connecticut, e agora acrescentaram visitas regulares ao cemitério para se ligarem como uma família ao redor das suas lembranças de Cindy. Quando chegou o primeiro Natal depois da morte de Cindy, eles seguiram para a Califórnia para criar uma nova maneira de ritualizar os feriados, em vez de permanecer em casa e ficar pensando em sua perda.

Para famílias pós-divórcio, certos rituais de celebração podem ser ocasiões para demonstrar que a família original ainda pode se juntar como uma unidade. Joe participou das festas de aniversário de sua filha Georgia durante vários anos depois do divórcio. A festa de aniversário sempre foi uma grande ocasião para Georgia e a família, pois ela era a mais velha das netas, e seu aniversário caía no dia 1º de janeiro. Joe e sua ex-mulher, Lucy, decidiram que ele estaria presente para mostrar o carinho da família a Georgia em seu aniversário. O evento também ajudava a manter a relação de Joe com sua ex-esposa, com quem ele sempre tivera um relacionamento harmonioso. Essa combinação funcionou durante cerca de cinco anos, até que Lucy voltou a se casar. A primeira festa de aniversário depois do segundo casamento foi muito desconfortável para os três adultos, e Georgia pôde sentir a tensão. Joe então decidiu encerrar a sua participação nas festas de aniversário da família e fazer a sua própria festa de aniversário para Georgia num outro dia.

Essa história exemplifica como as famílias pós-divórcio precisam ser flexíveis se quiserem manter a intenção dos seus rituais. Foi útil e construtivo o fato de Joe aparecer nas festas da filha nos primeiros anos depois da separação, assim como também o é para alguns pais comparecer a reuniões escolares. Esse nível de participação funciona quando as ex-mulheres são genuinamente cooperativas como mães companheiras e conseguem colocar os interesses das crianças em primeiro lugar. Algumas ex-mulheres se reúnem para a troca de presentes na véspera do Natal no primeiro ano após a separação, em particular se o divórcio ainda não está finalizado. Mas elas precisam estar cientes do que isso significa, e do que não significa, e precisam deixar claro para a criança que o fato de estarem juntos para uma celebração familiar não significa que eles estão voltando a viver juntos.

No entanto, ao longo do tempo, a maior parte das famílias de pais divorciados encontra aquilo de que precisa para criar rituais de celebração separados, pois as suas famílias e casas separadas formam as suas próprias fronteiras. Quando uma amiga de Barbara tornou-se mãe solteira, ela sabia que teria de celebrar o Natal de uma nova maneira. Muitos rituais de família tinham sido construídos, mas agora as coisas eram diferentes. Ela fez uma pequena oração e se aproximou dos seus três filhos com a idéia de passar a manhã de Natal servindo uma refeição num asilo. Isso significava que eles teriam de se levantar muito cedo para ir de carro até a maior metrópole mais próxima. Eles passariam a manhã cozinhando, arrumando mesas e depois serviriam e compartilhariam a refeição ao meio-dia. Havia descrença e mau humor. Essas crianças estavam acostumadas com pilhas de presentes e um feriado farto. Mas radiantes e bem cedo todos eles compareceram, vestidos e prontos para a sua nova aventura. Isso se tornou o seu ritual durante seis anos e trouxe um novo e profundo significado a toda a idéia do Natal.

Ainda assim, reunir-se para ocasiões importantes como casamentos, graduações e bar e bat mitzvahs podem ser importantes demonstrações de apoio unido das duas famílias das crianças.

Para o pai não-residente, também é fundamental manter os velhos rituais que ainda funcionam, modificar outros e criar alguns a partir do zero. O maior erro que os pais não-residentes cometem é ter fins de semana de forma livre, não-estruturados, que esvoaçam de uma atividade distraída para outra. O pai, no fim, foge das coisas divertidas que podia fazer com as crianças, e as crianças ficam cansadas e exigentes. E é pouco firme a ligação que ocorre entre pai e filhos. Criar uma atmosfera familiar significa ter os rituais de família e dispor de tempo para ficar por perto em vez de tentar ser um diretor de atividades em campo ou um Papai Disney. Os pais não-residentes podem desenvolver rituais que se tornam especiais para eles e para os seus filhos. Um pai, um nadador ávido, levava os filhos para nadar toda vez que eles o visitavam, e os treinava com suas técnicas de natação, uma forma de recreação e atenção que era especial para o pai e os filhos.

O Dia de Ação de Graças, o Natal, a Páscoa judaica e outros importantes feriados com enfoque na família são, com freqüência, ocasiões traiçoeiras para as famílias de pais solteiros. Como o fato de estar sozinho nessas ocasiões, sem a presença dos filhos, pode ser terrivelmente solitário e deprimente, não é de causar surpresa a constatação de que alguns ex-cônjuges competem pelos seus filhos. Não existe melhor maneira de arruinar o ritual das crianças do que deixá-las sentir que elas estão ferindo um dos pais por estar com o outro. Quando ambos os pais ainda estão envolvidos com as crianças, a maior parte das famílias desenvolve programações fixas para os feriados com o objetivo de equilibrar as necessidades de todos. No caso da família DiAngelo, as crianças alternavam o Dia de Ação de Graças, passando-o cada ano com um dos pais. Para o Natal, eles dividiam a véspera do Natal e o dia do Natal entre as duas casas, alternando a cada ano.

É de importância crucial que o planejamento dos feriados e rituais religiosos mais importantes seja transformado em rotina em famílias de pais solteiros, em vez de ser motivo de brigas todo ano. Isso exige que os pais mantenham o acordo e lidem com a sua própria tristeza e aflição sem puxar as crianças para o seu lado.

Estratégias Usadas por Mães Solteiras

Perguntamos a mães solteiras o que elas fazem para tornar especial o tempo da família, e aqui estão algumas das estratégias e sugestões que elas compartilharam, em suas próprias palavras:

- Faço coisas especiais com uma criança de cada vez, alguma coisa que cada criança gosta de fazer sozinha comigo.
- Comemoro o aniversário de cada criança uma vez a cada mês. (Se elas nasceram em 19 de setembro, então nós comemoramos no dia 19 de cada mês). Pode ser alguma coisa bem simples, como cortar o cabelo, mas é o seu tempo especial.
- Domingo é o dia das crianças. Eu faço tudo o que elas quiserem.

- Quando preciso saber alguma coisa das minhas filhas, eu lhes peço para se juntarem a mim numa caminhada. No final da caminhada, elas se abrem completamente.
- Com a custódia compartilhada, cada feriado é diferente, não é nada regular. Mas eu tento ensinar às crianças que o importante é estarmos todos juntos, e não a data do calendário.
- As pessoas acham que eu sou louca, mas eu convido o pai deles para os aniversários.
- Tomamos um grande café da manhã. Eu toco a música que eu quero que eles ouçam, faço um adorável café da manhã e passamos o tempo conversando.
- Eu vou ao quarto deles de noite, escuto a sua música com eles e massageio as suas costas. Então eles querem conversar.

Você está tão impressionado com essa lista de atividades e estratégias quanto nós? Por trás de cada história está a mente e o coração de uma mãe zelosa e determinada, embora freqüentemente exausta. O que nos deixa impressionados é o fato de que a maior parte dessas atividades não toma uma grande quantidade de tempo adicional do dia de uma mãe — minutos, na maioria das vezes. É o cuidado e a perseverança que contam mais do que a mera quantidade de tempo. São as pequenas coisas que dizem às crianças, repetidas vezes, até que isso fique guardado no coração delas, que elas estão em segurança e que são amadas por uma mãe que, independentemente do que representa para ela o fardo de criar sozinha as crianças, coloca a vida da família em primeiro lugar.

· 10 ·

A Família em Primeiro Lugar em Famílias com Padrasto ou Madrasta

Se você me ama, vai passar o tempo comigo. Essa é a lógica elementar da vida em família para as crianças. É também o acordo básico dos adultos num novo casamento, embora, como dissemos, muitos casais se afastem dessa expectativa quando a vida cotidiana se torna febril e complicada. Você pode ver como uma rota de conflitos é criada em novas famílias com padrasto ou madrasta entre as necessidades e as expectativas das crianças, do pai ou mãe e do padrasto ou madrasta.

As crianças, o primeiro grupo de personagens no drama da vida da família com padrasto ou madrasta, gostariam de possuir o tempo dos seus pais. As crianças pequenas querem que os pais fiquem o tempo todo ao alcance de suas mãos. As crianças mais velhas querem que os pais estejam disponíveis todas as vezes que elas precisarem. Depois de um divórcio, as crianças têm menos tempo parental total porque os seus pais estão em duas casas diferentes. Então, um ou ambos os pais voltam a formar um casal com outra pessoa, uma perspectiva assustadora para muitas crianças. Quando o relacionamento fica mais sério, os casais passam mais tempo sozinhos — mais uma vez, não é algo que a maioria das crianças apoiaria. Após o casamento, começa a fase mais difícil de todas. Depois de passarem anos dispondo da plena atenção da mãe ou do pai em casa, as crianças agora precisam reparti-la com o novo companheiro (ou companheira) da mãe (ou do pai). Mesmo que o casal já esteja morando na mesma casa com as crianças, geralmente alguma coisa importante muda quando eles se tornam um casal unido pelo casamento.

Entra o segundo personagem principal do drama — o novo marido (ou esposa), agora também conhecido como padrasto (ou madrasta), *stepparent* em inglês. ("*Step*" vem da palavra do inglês arcaico para "destituído", "despojado".) Essa pessoa geralmente se concentra, em primeiro lugar, em estabelecer um novo casamento, e, em segundo lugar, uma nova família. (Na maioria das vezes, o novo marido (ou mulher) ficaria agradecido se durante o casamento não houvesse nenhum enteado presente.) Como o casamento vem em primeiro lugar, o novo cônjuge quer ficar um tempo sozinho com o seu parceiro, também para os rituais de conexão e de intimidade. No final das contas, o namoro envolve muito tempo do casal e dos rituais do casal. O novo cônjuge/padrasto ou madrasta pode pensar, talvez ingenuamente, que pelo fato de estarem juntos na mesma casa ele e a sua nova família levarão ainda mais tempo para se ligarem.

Entra o terceiro personagem — o pai original. (Nós usamos essa expressão em vez de "pai biológico" porque alguns são pais adotivos.) Aqui nós temos duas agendas — muito tempo com o novo cônjuge e muito tempo com as crianças. No triângulo clássico, temos as crianças e o novo cônjuge, cada um deles querendo do pai original uma boa parcela do bem mais escasso da vida familiar contemporânea — o tempo. Muitos pais originais dizem que se sentem puxados — e até mesmo dilacerados — pelas exigências dos filhos e do seu cônjuge.

Essas necessidades que competem naturalmente umas com as outras convertem o tempo num assunto de tom quase político em algumas famílias com padrasto ou madrasta. Mary Ann sempre tomava um copo de leite quente com sua filha Erin às dez horas da noite, quando elas conversavam sobre o dia. Adivinhe onde Mary Ann estava às dez horas da noite depois que o seu novo marido, Steve, passou a morar com elas? Erin começou a ter um comportamento afetado, por razões que eram misteriosas para a sua mãe. O erro não estava no fato de que Mary Ann dava prioridade ao tempo com o seu marido na hora de dormir, mas sim no fato de que ela não havia adotado um substituto para esse adorável ritual com a filha.

Steve, por sua vez, adorava viajar. Ele pressionou Mary Ann para viajarem pelo país e especialmente além-mar duas vezes por ano. Os adolescentes estavam crescidos o suficiente, ele observou, e o pai deles deveria estar ansioso por tê-los em sua casa durante uma semana ou duas consecutivas. Mary Ann, sentindo que a sua nova família com padrasto estava frágil, ficou relutante em deixar as crianças com o pai original durante o primeiro ano do casamento. E ela concordava com a vontade das filhas de não passar muito tempo com o pai, que apenas esporadicamente se envolvera com as filhas durante os anos e que estava continuamente atrasado no pagamento da pensão das crianças. Mary Ann e Steve foram para a Itália durante o segundo ano do casamento, e as coisas funcionaram bem, mas Mary Ann não estava ansiosa para tentar isso de novo, embora Steve visse o sucesso dessa viagem de férias como uma evidência de que eles deveriam viajar regularmente.

Todas essas complicações poderiam estar presentes mesmo sem a hiperatividade programada na vida familiar dos dias de hoje. Como acontece com muitos pais, Janet tinha matriculado seus filhos em diversas atividades de aprimoramento. Manter essas atividades era um fardo enquanto ela cuidava de seus filhos como mãe solteira. Agora que Keith, um homem agradável, animado e de boa vontade, casou-se com ela, integrando-se à família, Janet deu boas-vindas ao motorista extra e líder de torcida organizada na arquibancada. Keith, que não tinha filhos, não sabia qual era o seu papel na família. Uma coisa é engolir o jantar no carro três dias por semana para poder levar os próprios filhos a aulas práticas e jogos, mas é totalmente diferente fazer isso para um enteado que você está começando a conhecer, que reclama quando você se atrasa cinco minutos e que nunca lhe agradece por ter se sujeitado a esse incômodo por ele. Além de tudo isso, você se sente como se nunca visse a sua nova mulher a não ser na hora de ir para a cama, quando vocês dois estão esgotados.

Sem uma perspectiva de como é natural e comum essa situação de estar amarrado a horários numa família com padrasto ou madrasta, a maioria dos adultos e crianças faz o que lhes acontece naturalmente: eles se queixam e criticam. O padrasto ou a madrasta queixa-se de está sendo usado e negligenciado, e critica a maneira como a mulher ou o marido cuida dos filhos, e também o comportamento egoísta das crianças. O pai original se queixa de que está sendo dilacerado por exigências impossíveis, e critica sua parceira por ser egoísta e mesquinha com as crianças. As crianças, por sua vez, se queixam de que a sua vida não é mais como era antes e criticam a mãe ou o pai por negligenciá-las e seu padrasto ou madrasta por ser estranho e mesquinho. Nós podemos estar exagerando, mas os elementos do cenário parecerão familiares a muitas pessoas em famílias com padrasto ou madrasta, especialmente durante os primeiros anos.

Como podem as famílias com padrasto ou madrasta evitar o pior dessa situação de estar amarrado a horários e sair dela quando ela ocorre? A resposta simples é que *as famílias com padrasto ou madrasta precisam até mesmo trabalhar mais duramente do que outros tipos de família para fazer da vida familiar a prioridade maior, pois há menos coesão para servir de ponto de partida.* Uma família original com os dois pais que ingressa num estado hiperativo pode prosseguir continuamente ao longo de anos nessa dependência com relação a horários. Ela tem gasolina no tanque. Um pai solteiro ou mãe solteira também pode prosseguir nessa marcha, mantendo a intensa ligação que vigorou nos anos em que estava a sós com as crianças, dia após dia. Mas uma nova família com padrasto ou madrasta é uma família em formação, e não é ainda uma unidade bem amarrada. Com freqüência, são necessários cinco anos ou mais para qualquer pessoa se sentir segura de que o tempo e a atenção dedicados a um membro da família não prejudiquem o relacionamento com outro membro, e para que os padrões de autoridade e disciplina sejam bem-sucedidos. Dawn e Tom tinham várias estratégias para combinar suas duas famílias. Nas palavras de Dawn:

> Ao longo dos anos, nós, como uma família mesclada, recuperamos o tempo perdido da família removendo a TV da nossa sala de estar e guardando-a por alguns meses. Essa tática, embora

não fosse bem-vista pelos meus filhos quando foi implementada, favoreceu a comunicação na família, a leitura e o tempo para recreação, e também criou um ambiente onde as lições de casa e a prática de instrumentos musicais podiam ser realizadas com sucesso.

Durante esse extenso período de ajuste, todas as famílias com padrasto ou madrasta precisam estar acima da média, afastando-se do excesso de atividades programadas e do isolamento provocado pela mídia eletrônica, de modo que elas possam refinar o seu tempo com a família e os rituais de família. Quando aplica a nova cola no lugar, você tem de segurar firme e fixo por algum tempo para que ela se consolide.

Refinando Rituais na Vida de Famílias com Padrasto ou Madrasta

Por serem mais desafiadoras, as famílias de pais solteiros são muito mais problemáticas do que as famílias com padrasto ou madrasta quando se trata de enfrentar as complicações nos rituais de família. Em famílias de pais solteiros, há geralmente uma tradição ritual para adotar da família anterior com os dois pais. E em cada casa há um adulto que toma as decisões a respeito do tempo da família. Em famílias em que o pai ou a mãe se casa novamente depois do divórcio, há vários conjuntos de tradições rituais para discutir — as da família original mais as das famílias de um ou dois padrastos ou madrastas — e dois adultos tomando as decisões em cada casa. As pessoas que se casam pela segunda vez geralmente não percebem que elas não estão apenas se unindo como um casal, mas que estão fundindo pelo menos duas culturas familiares.

A preparação para uma família em que o pai ou a mãe se casa novamente começa durante o namoro do casal. Aqui, o casal está estabelecendo seus próprios rituais de conexão, com os parceiros passando um longo tempo juntos, se conhecendo e se desfrutando mutuamente. Eles precisam decidir como sincronizar o envolvimento do novo parceiro com os rituais de toda a família. Os filhos de Bev só conheceram Mark depois que eles já estavam saindo juntos há seis meses e sabiam que o relacionamento deles era sério. E mais um ano decorreu antes que eles se casassem. Durante esse tempo, Mark vinha para jantar, e a família ia passear de barco ou de bicicleta. Bev recorda que eram atividades divertidas, que facilitavam para todos a relação e o conhecimento mútuos.

Se as crianças sentem que o novo parceiro romântico na vida da mãe ou do pai é introduzido muito cedo no âmago dos rituais da família, antes que haja um relacionamento claramente comprometido, podem rejeitar essa pessoa desde o início. Exemplos desses rituais são as festas de aniversário das crianças ou a abertura dos presentes no Natal da família. Essas participações íntimas na vida ritual da família deveriam provavelmente ser adiadas até que o relacionamento fique sério e que os laços com as crianças já tenham se fortalecido satisfatoriamente.

Planejar o próprio ritual do novo casamento é de importância central para a formação de uma família em que o pai ou a mãe se casam novamente. Janine descreve como ela e o seu futuro marido decidiram ter um noivado que durou um ano com o objetivo de preparar a todos emocionalmente, inclusive a eles mesmos, seus filhos, seus pais, seus irmãos e irmãs, e até mesmo seus ex-cônjuges, para o casamento que se aproximava. Uma vantagem de se casar de novo é que você pode fazer a cerimônia da maneira que quiser, ao contrário do primeiro casamento, no qual é provável que outras pessoas tenham expectativas bem definidas a respeito do que deveria acontecer no casamento. Uma desvantagem é que alguns dos participantes terão sentimentos mistos a respeito de estar presentes. As crianças, em particular, podem entender o novo casamento de um dos seus pais como um sinal de que os seus pais nunca mais voltarão a ficar juntos, uma esperança que elas podem ter acalentado. Os parentes e os amigos terão os próprios sentimentos a respeito do fim do primeiro casamento, a respeito de quem foi mais responsável por isso, e a respeito do provável sucesso do segundo casamento. Mesmo que não tenha sido convidado, o ex-marido ou a ex-mulher, vivo ou morto, também é uma presença real na cerimônia do novo casamento na mente de quase todos. O fantasma do primeiro casamento paira sobre a cerimônia.

Bev e Mark foram bastante intencionais na maneira como envolveram todas as crianças no casamento. Um filho acompanhou Bev ao longo da nave da igreja, sua filha carregou um buquê, e o seu filho mais novo tocou o sino da igreja. Em outra família, depois de colocar o anel de casamento no dedo da nova esposa, o noivo se virou e também colocou um medalhão em volta do pescoço da enteada. Numa família em que havia crianças mais velhas, algumas já crescidas, o novo marido deu aos filhos da mulher (e a mulher deu aos filhos do marido) a sua própria caixa especial de amizade para simbolizar a sua intenção de serem amigos, e não meros pais substitutos.

Os rituais do dia-a-dia e os rituais de comemoração podem ser complicados nos primeiros anos das famílias cujo pai ou mãe se casa novamente, em especial se houver crianças presentes de ambos os lados. George levou para a sua nova família uma tranquila filha de 7 anos que morava com ele durante uma parte do tempo. O ritual de jantar deles era uma conversa amena entre pai e filha, geralmente acompanhada por longos períodos de silêncio, uma vez que nenhum deles era de falar muito. Geri trouxe dois adolescentes mal-encarados e um ritual de jantar mais aleatório, que tinha conversas em voz alta, discussões amigáveis e um som alto de televisão ao fundo. No meio de uma discussão sobre rituais de jantar, George usou a expressão "bárbaros" para descrever os filhos de Geri, um termo que Geri nunca deixou que ele esquecesse. Ela comentou sobre a "total falta de personalidade" de sua filha, crítica que ele nunca deixou que ela esquecesse. Cada um deles estava se sentindo acusado de ser um pai ineficiente. A verdade é que ambos eram bons pais, mas tinham de aprender a misturar as culturas dos seus rituais de família. Na terapia, eles aprenderam a se comprometer e a criar rituais diários com que todos pudessem conviver. No caso do jantar, a televisão era desligada, mas não havia censura quanto ao nível e ao tom das conversas, embora Geri concordasse em evitar que fossem levantadas questões disciplinares durante as refeições.

Às vezes, as crianças demonstram os seus sentimentos negativos sobre o novo casamento recusando-se a lidar com o padrasto (ou com a madrasta) durante os rituais de família. A filha adolescente de Joyce, Carrie, não conversava com o seu padrasto, Peter, durante o jantar. Depois de ser ignorado por meses e de se sentir magoado, Peter disse a Joyce que não iria mais jantar com a família. Isso precipitou uma crise. Joyce se sentiu desamparada para fazer que sua filha se relacionasse com seu novo marido, e ela não queria que a filha nem o marido boicotassem os jantares da família. Na terapia familiar, o casal ficou ciente de que todo o ritual de refeição deles estava sendo distorcido devido ao silêncio de Carrie com relação a Peter. Joyce iria se concentrar em Carrie com o objetivo de levá-la a uma conversa em família, e isso fez que Peter se sentisse ainda mais rejeitado. A solução para o problema deles teve duas partes. Peter trabalharia no sentido de não tomar o comportamento de Carrie como um insulto pessoal; com isso, ele chegou a se enxergar como um alvo justificado para o transtorno de Carrie devido ao casamento somado às aflições de adolescência normais de Carrie. Joyce iria manter Peter no laço da conversa e resistir à tentação de forçar Carrie a se envolver. Finalmente, o tempo, a paciência e o crescimento do nível de maturidade de Carrie mudaram os rituais de jantar da família de horríveis para aceitáveis. Alguns rituais de famílias formadas por novos casamentos, especialmente nos primeiros anos, podem não ser altamente satisfatórios, mas descartá-los abalaria a formação da nova família.

Padrastos ou madrastas podem usar os rituais de celebração para formar vínculos com seus enteados e enteadas. Os aniversários, em particular, são oportunidades para o padrasto ou madrasta oferecer à criança um presente pessoal, e não aquele comprado com a mãe ou o pai. George descobriu que dar equipamentos de esporte para o filho adolescente de Geri, Curt, em seu aniversário deu a eles algo para compartilharem durante o restante do ano. Da mesma maneira, um padrasto ou madrasta pode oferecer rituais de passeio especiais que as crianças talvez não teriam feito com nenhum dos seus pais originais. Um padrasto, adepto ávido de longos passeios campestres a pé, desenvolveu um ritual anual de viagem de acampamento com seu enteado. No primeiro ano, a mãe estava planejando ir, mas precisou desistir no último minuto por causa de um compromisso de trabalho. Seu marido e seu filho foram assim mesmo e tiveram um passeio maravilhoso. Nos anos subseqüentes, a viagem tornou-se uma coisa que o padrasto fazia sozinho com seu enteado. A mãe, sabiamente, ficava de fora. Em outra família, a nova madrasta criou um vínculo com a sua enteada graças a um ritual de passeios de compras acompanhado por uma parada para um sorvete a caminho de casa.

Dawn, mãe de três garotos, conversava sobre os rituais que se desenvolveram quando os seus filhos e o padrasto deles se comprometeram com "coisas de homens". Um ritual importante começou quando o seu marido levou o seu filho mais velho para o Colorado, para escalar as Montanhas Rochosas como comemoração de sua formatura no colégio. Os outros dois filhos de Dawn já estavam planejando sua "viagem com Tom" quando se formassem. Tom ainda leva as suas filhas adultas em férias separadas. Um novo ritual começou com seus enteados. Ele se desenvolveu quando havia chegado a ocasião de os garotos visitarem o pai biológico. Tom inicia uma refeição especial em homenagem aos garotos um pouco antes de eles saírem para a visita, e os saúda com um bolo de sorvete da Dairy Queen decorado especialmente para a volta deles. Esses tipos de rituais de conexão podem lentamente construir um relacionamento "de-igual-para-igual" entre o padrasto (ou madrasta) e os enteados.

Em meio a todos esses esforços para facilitar a ligação entre o novo cônjuge e as crianças, e entre os enteados, é importante que os pais mantenham os rituais de conexão com os seus próprios filhos. Alguns pais que se casam novamente cometem o erro de tentar "misturar bem" a nova família não dando uma atenção especial aos seus próprios filhos. Ross, de 30 anos, ainda tinha lembranças dolorosas do que aconteceu entre ele e seu pai quando este se casou novamente, depois da morte da mãe de Ross. Durante anos, Ross e seu pai tinham saído juntos para assistir a jogos de beisebol, seu mais importante ritual de conexão. A madrasta se opôs a esse passeio porque achava que a partilha de um tempo "de-igual-para-igual" entre o seu marido e os filhos dele abalava a unidade da nova família. Sob essa pressão, o pai de Ross desistiu do ritual. Muitos anos depois, Ross ainda se sentia abandonado pelo pai. As famílias mais bem-sucedidas de pais que se casam novamente encorajam rituais de conexão especiais entre os pais e seus filhos. As férias em família constituem geralmente material de nostalgia: a cabana da família, a praia, a viagem nas montanhas, as visitas à avó no campo e assim por diante. Imaginar o que fazer com duas diferentes tradições de férias familiares requer um alto nível de diplomacia e habilidade. Famílias inteligentes com padrasto ou madrasta tendem a discutir e negociar os planos de férias com bastante antecedência, em vez de esperar até que as decisões precisem ser tomadas. Às vezes, a logística das férias plenas de uma família em que um dos pais voltou a se casar é quase impossível, especialmente se as crianças passam uma parte considerável do tempo de férias com o pai não-residente. Pode haver quatro programações de férias dos adultos que requerem uma verdadeira prestidigitação para serem harmonizadas, mais os esportes das crianças, acampamentos, verão escolar e outras atividades. Mesmo que os membros da família possam encontrar um tempo para desfrutar juntos as férias, nem todos estarão satisfeitos com o plano. No entanto, algumas famílias de pais que se casam de novo alternam deliberadamente as viagens, que dão a um lado da família ou ao outro a oportunidade de fazer o que eles gostavam de fazer antes. Deixar que todos saibam que serão feitos revezamentos pode reduzir ou acabar com as lamúrias e reclamações. Outras famílias, deliberadamente, fazem coisas que nenhum dos lados havia feito antes. De modo geral, é melhor não forçar, nos primeiros anos, os rituais de férias de uma família em que um dos pais voltou recentemente a se casar. O melhor a fazer é refinar esses rituais, experimentá-los e alimentá-los ao longo do tempo até que a nova família consiga encaixá-los adequadamente na sua rotina.

Em nenhuma outra ocasião a lealdade aos antigos rituais vem mais à tona do que nos feriados, pelo menos para as famílias que os celebram. Os feriados são definidos por lembranças de como os rituais deveriam ser realizados corretamente em todos os seus detalhes. As crianças tendem a ser conservadoras no que se refere aos rituais de feriados; elas preferem que as coisas sejam feitas da maneira habitual. As mais bem-sucedidas famílias em que o pai ou a mãe voltou a se casar formam um amálgama criativo de rituais de feriados. Elas usam os rituais existentes de cada um dos lados da família, e cultivam os próprios rituais novos. A melhor maneira de realizar todo esse processo delicado é submetê-lo a uma discussão aberta em vez de deixá-lo sujeito ao decreto de um dos pais. Isto é, os pais e os filhos deveriam discutir juntos como gostariam de passar feriados como o Dia de Ação de Graças, o Natal ou o Rosh Hashanah e o Yom Kippur durante o primeiro ano da família com o padrasto ou a madrasta. Todas as tradições são respeitadas na conversa; os pais podem precisar impor essa regra se as crianças ridicularizarem as "idéias malucas" do padrasto ou da madrasta ou dos meios-irmãos. As melhores ocasiões para abordar experimentalmente os feriados ocorrem nos primeiros anos das famílias em que um dos pais se casou novamente. Pressuponha que alguns rituais irão funcionar e outros não. Estabelecer-se num padrão amplamente aceito de rituais de feriados pode levar cinco anos ou mais, até mesmo para as famílias com padrasto ou madrasta altamente intencionais.

Para a família Mathiasen, a distância proíbe a divisão do feriado entre os dois pais, por isso eles alternavam o Natal. No ano em que Bev e o seu novo marido, Mark, não estão com os filhos, eles passam o feriado com outro casal cujos filhos também estão fazendo outro programa. Esses dois casais estão construindo um novo ritual que apóia a sua nova estrutura familiar.

Como dissemos, colocar a família em primeiro lugar numa família com padrasto ou madrasta pode ser mais difícil do que em outras unidades familiares, pois as famílias com padrasto ou madrasta são compostas de duas, três ou mais famílias distintas. Cada uma dessas subfamílias — mãe e seus filhos, pai e seus filhos, mãe e pai e seus novos filhos, e mais os ex-cônjuges e os filhos deles — tem as suas próprias necessidades de tempo e de rituais de conexão e de celebração. Por essa razão, os casais que encabeçam famílias com padrastos ou madrastas têm de ser especialmente intencionais na administração do tempo da família. Todas as famílias com padrasto ou madrasta são precedidas pela perda — a ruptura do relacionamento com um dos pais originais em decorrência da morte ou do divórcio. Mas elas nascem de um amor que representa uma renovação da esperança da possibilidade de um casamento duradouro e de uma família capaz de proporcionar cuidado e instrução para as crianças se desenvolverem. Colocar a família em primeiro lugar em famílias com padrasto ou madrasta leva anos; mas, quando essa tarefa é realizada, é um notável empreendimento humano.

As idéias para refeições, horários de ir para a cama, passeios e viagens e assim por diante, examinadas ao longo deste livro podem certamente ser usadas pelas famílias com padrasto ou madrasta.

· 11 ·

A Recuperação do Tempo para o Casamento

Vamos ser diretos: se você é casado e tem filhos, são grandes as chances de que o tempo para o seu casamento esteja no nível mais baixo na escala das suas prioridades. Não que o seu casamento, em si mesmo, seja secundário, ou que você não ame a sua mulher profundamente. Mas, para a maioria dos casais, o tempo com o cônjuge para conversas pessoais, diversão e partilha de interesses comuns acaba ficando de lado diante da abarrotada agenda da família, devido à longa lista de atividades mais urgentes. Nós reservamos o tempo para quase tudo hoje em dia, exceto para o nosso casamento.

Casar e ter filhos é como lançar uma canoa no rio Mississippi, em St. Paul, Minnesota. Se não remar, você vai para o sul. O fluxo do rio não respeita as boas intenções de ninguém, ou o carinho que a pessoa possa ter por St. Paul. Da mesma maneira, a correnteza rápida e exigente das responsabilidades com a paternidade/maternidade e com o emprego levam o melhor dos casais até um lugar onde eles vivem mais como parceiros conjugais e companheiros num negócio de família do que como amigos, amantes e confidentes.

É claro que as coisas não precisam ser assim, e alguns casais são exceção. Mas uma triste ironia na família contemporânea é o fato de que muitas pessoas que são boas em recuperar tempo e espaço para os filhos são ruins em fazer o mesmo para o marido ou a esposa. Nós desenvolvemos bons rituais para pais e filhos ao longo dos anos, mas perdemos os nossos rituais conjugais. Podemos ser talentosos nos rituais com toda a família — jantares em família, viagens para acampar, férias — e embaraçados e confusos no que se refere ao que fazemos como casal. Alguns casais que namoraram durante jantares longos e românticos ficam apreensivos ao jantar sozinhos porque não têm certeza do que dizer um ao outro por uma hora ou mais. Então eles convidam outras pessoas para lhes fazer companhia. Quando se trata de um planejamento de longo alcance, muitos de nós são bons em planejar o futuro dos filhos, mas não conseguem conversar a respeito de como serão como casal quando os filhos ficarem mais velhos. Se formos honestos, quantos de nós dariam as mesmas notas a si mesmos pelo esforço no casamento e pelo esforço em cuidar dos filhos e instruí-los? Quantos de nós morreriam se precisassem colocar a paternidade/maternidade de lado por algumas semanas, mas acabam colocando de lado o casamento durante anos?

Então, o que Há de Errado em Colocar os Filhos em Primeiro Lugar?

De alguma forma, nós precisamos colocar os nossos filhos em primeiro lugar. Eles são as pessoas mais vulneráveis e necessitadas em nosso lar. Quando você quer fazer amor com o seu companheiro/companheira e seu bebê molhado e faminto acorda e começa a chorar, você sabe o que tem de fazer. Quando a sua filha adolescente está fora de si depois de ter sido descartada pelo namorado, você coloca o dia ruim do seu marido de lado e passa a escutar cuidadosamente a sua filha. As crianças também enriquecem a nossa vida conjugal graças ao seu amor, à sua alegria e à sua abertura ao que é novo no mundo. Por outro lado, talvez você e o seu parceiro conjugal costumassem jantar sozinhos às 8h30 da noite com uma garrafa de vinho, mas depois que vocês tiveram filhos, certamente, passaram a estabelecer um ritual de jantar em família por volta das 6 h da tarde, e agora vocês tomam leite com as crianças.

Ajustes como esses são naturais e inevitáveis. Mas há uma diferença entre ajustar o seu casamento de modo a satisfazer as necessidades dos seus filhos e perder o seu casamento para as atividades e obrigações paternas/maternas. Nós pensamos em Dave e Deirdre, pais amorosos e cônjuges vazios. Em algum lugar entre o nascimento do filho deles e a época em que ele fez 6 anos, seus filhos se tornaram todo o seu mundo. Isso começou com a decisão de nunca contratarem uma babá para o bebê. A desculpa deles era que moravam longe da família e não confiavam nas babás locais. Isso pode fazer sentido para um bebê recém-nascido, mas mesmo nesse caso Dave e Deirdre poderiam ter procurado outros novos pais responsáveis com os quais eles poderiam revezar numa noite do fim de semana. Mas eles pararam de sair juntos para fazer programas sozinhos.

Quando o filho deles estava crescido o suficiente para ficar acordado até tarde da noite, opondo resistência a ir para a cama, o casal nunca impôs a ele um horário de dormir. Ele ficava no meio dos dois, absorvendo a atenção deles, até cair no sono espontaneamente, sendo então carregado para a cama. Logo depois, o próprio casal ia para a cama, esgotado com o dia de trabalho para ganhar a vida e cuidar do filho. Então, a filha deles nasceu, e o ritmo da paternidade/maternidade ficou mais acelerado, absorvendo até mesmo os pequenos farrapos de conversas do casal que eles roubavam para si quando tinham apenas um filho. Eles eram pais devotados e companheiros cooperativos. Eles achavam que o casamento era desse modo quando você se torna pai ou mãe. Na verdade, Deirdre às vezes reclamava para suas amigas que Dave não prestava atenção suficiente a ela, mas as suas amigas lhe asseguravam que ele era apenas um marido típico e que ninguém usufrui muito o casamento quando os filhos são pequenos.

A vida familiar deles ficou ainda mais centralizada no filho quando o menino começou a jogar futebol, aos 6 anos de idade. Acontece que ele tinha talento, e seus pais gostavam de vê-lo jogar. Num cenário que nós discutimos extensamente neste livro, eles o matricularam num time mais competitivo, um time itinerante, que praticava três vezes por semana (quatro vezes durante os intervalos das atividades escolares), mais jogos domésticos ou fora de casa todos os fins de semana. Os campeonatos eram um período extra. Os treinos freqüentes significavam que agora eles não tinham jantares em família com muita freqüência, e a viagem no fim de semana, combinada com os dias de trabalho no emprego dos dois pais, significava que a maioria dos fins de semana era bastante frenética. Quando a filha deles, Denise, chegou à idade do futebol, ela também se juntou ao ritmo frenético da família, e agora Dave e Deirdre se encontravam freqüentemente em campos de futebol separados, assistindo aos jogos dos filhos. O jantar era um sanduíche comido em carros separados. Denise não estava interessada num time de futebol itinerante, mas se matriculou num grupo de dança competitiva, que se revelou um devorador de tempo tão voraz quanto o futebol.

Dave e Deirdre têm uma família típica de classe média do mundo de hoje, que gira em torno das programações de trabalho dos pais e das atividades programadas das crianças. Note que não há nenhuma programação para o casal. Em casa, quase todas as suas conversas estavam centralizadas na logística das crianças e das atividades domésticas. Dave e Deirdre se amavam, e às vezes conversavam sobre as preocupações ou o *stress* nos seus empregos ou sobre a saúde debilitada do pai dele e da mãe dela. Mas essas conversas, assim como toda a sua relação como casal, eram constantemente interrompidas pelas crianças. Os pais não conseguiam se imaginar pedindo aos filhos que evitassem interromper as conversas do casal. Nem conseguiam imaginar pedir às crianças que fossem dormir em determinada hora para que eles pudessem ter algum tempo de folga para relaxar juntos. Embora eles agora tenham contratado babás, suas ocasionais saídas à noite são para se encontrar com amigos ou para assistir a um filme — e não para passar o tempo em conversas tranqüilas e pessoais, em que poderiam se religar emocionalmente. E a essa altura a sua vida sexual, como você pode imaginar, está bastante prejudicada. É preciso muito mais do que ser bons pais para manter a intimidade.

Se você acha que Dave e Deirdre têm um desafio à sua frente, dêem uma olhada em Marc e Liz, um casal com padrasto, que tem os filhos dela por perto em tempo integral e os filhos dele semana sim, semana não. Como muitos casais que se casam de novo, Marc e Liz têm grande dificuldade para fazer do seu relacionamento uma prioridade sem alienar as crianças. Durante a semana um, Marc tenta arrumar algum tempo com Liz à noite, mas os filhos dela insistem que ela os ajude nas suas lições de casa, depois que eles voltam da prática de futebol. Ela se sente dilacerada entre o marido e os filhos, e escolhe passar o tempo com estes porque acredita que eles precisam mais dela. Durante a semana dois, quando os filhos de Marc estão com ele, ele é um pai em tempo integral para eles, programando-se todas as noites para os eventos deles e estando disponível para eles todo o tempo. Quando Liz reclama que ele não é um marido durante essas semanas, ele responde que só está com os seus filhos a cada duas semanas. E desde o começo as crianças estão desenvolvendo um sentido de ter o direito de dispor do tempo e da atenção dos seus pais, e levantariam um grande clamor se o casal agisse como se fossem amantes casados. A situação de Marc e Liz ameaça mais o casamento deles do que a de Dave e Deirdre, porque nos casamentos com padrasto ou madrasta o tempo que um cônjuge passa separadamente com os seus filhos ou com os enteados parece aumentar o distanciamento com relação ao outro cônjuge do que no primeiro casamento, em que as crianças pertenciam igualmente a ambos os pais.

Não estamos dizendo que esses dois casais escolheram o caminho errado; há muitas maneiras de estar casado, e poucos de nós realizam todas as metas de vida iniciais que tinham planejado. Mas um casal que não consegue arrumar tempo para o seu relacionamento coloca-se em risco na cultura do acúmulo pessoal de títulos que vigora nos dias de hoje. A certa altura, um dos cônjuges poderia começar a pensar: "Isso é tudo o que a vida tem a me oferecer? Eu estou de fato feliz com este casamento? Alguém poderia me oferecer mais intimidade em minha vida?" Como Bill escreveu em *Take Back Your Marriage: Sticking Together in a World That Pulls Us Apart*, muitas pessoas dirigem um olhar crítico para o cônjuge quando começam a sentir pontadas de tristeza a respeito do casamento que poderia ter sido. Elas pensam que deveriam encontrar um novo companheiro e começar de novo em St. Paul. Mas o Mississippi não terá favoritos, também no que se refere ao próximo casamento.

Por Que Deixamos de Lado o Nosso Casamento por Causa dos Filhos?

Nenhum casal de noivos, ou casal recém-casado, quer ter uma vida familiar rica e um casamento pobre. Quase todos querem um casamento emocionalmente íntimo com uma sólida parceria conjugal. Então, por que muitos de nós começam o processo de desistir de ser cônjuges depois que se tornam pais?

Para os iniciantes, os filhos são consumidores naturais e ávidos de qualquer tempo, atenção e serviços que os pais lhes dêem. Cabe aos pais o trabalho de discernir o quanto é o bastante e o quanto é demais, e reforçar a diferença. Muitos bons pais evitam estragar os filhos com coisas materiais, exceto para lhes comprar produtos eletrônicos, que parecem não ter limites. Porém, estabelecer limites sobre quanto tempo e atenção concedemos a eles e quantas oportunidades e atividades lhes oferecemos não é enfatizado em nossa cultura. Atualmente, as crianças são proprietárias dos pais. Numa rápida virada de uma geração ou duas, nós saímos da norma segundo a qual as crianças deveriam ser vistas, e não ouvidas, quando os adultos estivessem por perto, e chegamos à norma segundo a qual só as crianças deve ser vistas e ouvidas quando os adultos estão por perto.

Exercer a função de pai se tornou, assim, semelhante a operar uma loja que funciona 24 horas por dia, sete dias por semana, com entrega em domicílio. Naturalmente, a paternidade/maternidade sempre foi um emprego de tempo integral, mas nos dias de hoje não significa apenas estar pronto para acatar ao telefone as principais necessidades das crianças, mas também estar pronto para responder instantaneamente aos seus desejos e caprichos, a qualquer hora do dia ou da noite. Quando as crianças são pequenas, querem constantemente um tempo coladas em você como pai, ou pelo menos querem você no quarto ao lado, disponível para satisfazer às suas necessidades, desejos e caprichos (que, para as crianças pequenas, são indistinguíveis). Quando são adolescentes, querem que você esteja atrelado a um telefone celular 24 horas por dia no caso de elas precisarem de alguma informação ou de permissão para realizar alguma atividade.

(Mas não lhes pergunte onde *elas* estão!) Uma colunista de jornal escreveu a respeito do seu ressentimento e da sua revolta contra o fato de estar sempre com o seu telefone celular ligado, à disposição de um telefonema de uma filha que a repreende quando ele está desligado. Quem, você poderia perguntar, são os pais, e quem são os filhos?

Na cena doméstica, crianças de todas as idades têm agora um novo direito humano universal de interromper as conversas dos adultos a qualquer hora e por qualquer razão. Os adultos devem interromper suas conversas e se voltar imediatamente para a criança. Muitos pais definem hoje o comportamento rude não quando uma criança interrompe compulsivamente um adulto por um motivo pouco importante, que poderia esperar, mas quando um adulto faz com que o filho espere enquanto termina de falar a sua frase sobre a doença de um membro da família! Seria rude continuar a falar ou pedir à criança para dizer "desculpe" e pedir permissão para interromper. Você consegue se imaginar pedindo ao seu filho de 7 anos de idade, que quer já uma resposta sobre a excursão da natação de amanhã, para esperar até que você e sua mulher acabem de conversar sobre alguma coisa? Se você consegue, já está resistindo ao puxão de ser um pai ou mãe 24/7. Se você não consegue imaginar isso, mas gostaria, já está no caminho.

Então, uma maneira de recuperar tempo para o seu casamento consiste, às vezes, em estar disposto a traçar um limite quando você está em casa com os seus filhos. Com isso nós queremos dizer estar disposto, quando for apropriado, a deixar os seus filhos saberem que você está envolvido numa conversa ou atividade com a sua mulher, e que essa conversa ou atividade tem prioridade imediata, e que você estará à disposição para atender aos anseios da criança logo mais. Pode ser tão simples como uma mãe dizendo que irá ajudar com a lição de casa em dez minutos, depois de terminar sua conversa com o marido. Esses sinais de que às vezes o relacionamento conjugal prevalece sobre as necessidades não urgentes do filho — uma mensagem saudável para uma criança que, de outra maneira, pode se sentir como um cliente exigente numa loja com dois balconistas que não deveriam estar conversando e negligenciando o emprego.

Mas localizar espaços espontâneos para o casamento durante o dia não é suficiente. Você precisa arrumar tempo numa base regular se quiser que o seu casamento se mantenha vivo.

Casais que Encontram Tempo Diariamente para o Casamento

Alguns casais encontram meios de navegar pelo Mississippi sem sacrificar os filhos nem o casamento. Nós precisamos aprender com eles. Antes de terem filhos, Claudia e Raphael costumavam conversar pelo telefone diversas vezes por dia, e depois desfrutar comodamente o jantar na maioria das noites. Depois que tiveram um bebê, e em seguida mais um após um curto intervalo, eles perceberam que seus bate-papos pelo telefone durante o dia estavam predominantemente cheios de preocupações com os filhos e com a logística doméstica — quem vomitou ou pegou um resfriado, não se esqueça do leite quando voltar para casa. Os jantares com os bebês e com as crianças que ainda estavam aprendendo a andar não eram excelentes oportunidades para a conexão pessoal. Claudia e Raphael sabiam que tinham de fazer alguma coisa para ficar em contato um com o outro. Então eles decidiram reservar meia hora antes de dormir todas as noites, quando tomariam uma xícara de chá de ervas e ficariam ligados um no outro. Agora eles realizam esse "ritual de conversa" religiosamente, estejam cansados ou não, por volta das dez horas da noite todas as noites. Este é o seu tempo como casal numa programação que, de outro modo, seria dominada por trabalhos e por crianças bem novas.

Jennifer (casada há quarenta anos) gosta de contar sobre como ela e o seu marido sobreviveram quando os seus três filhos estavam em seus anos de escola atarefados e exigentes. O marido de Jennifer, Joe, era um oficial do exército que, quando não estava em manobras, conseguia chegar em casa às 5h30 da tarde. Jennifer se certificava de que os seus filhos haviam comido um lanche quando chegavam em casa depois da escola. Então, quando Joe voltava para casa, os pais tinham o "Clube dos Oficiais". Eles tomavam uma bebida juntos e tinham uma conversa na sala de estar que durava exatamente trinta minutos, tempo durante o qual eles esperavam que as crianças se divertissem — e permanecessem longe da sala de estar! Jennifer relembra como algumas vezes as crianças se reuniam sobre o tapete junto à sala de estar, mas do lado de fora, esperando que o relógio batesse seis horas, dando por encerrada a reunião do Clube dos Oficiais e marcando o início do tempo da família. Os filhos de Jennifer, agora crescidos, importunam carinhosamente os seus pais sobre o Clube dos Oficiais, mas Jennifer observa que nenhum dos seus filhos descobriu outra maneira de reservar um tempo para os seus cônjuges.

Nem todos os casais gostariam de imitar o caminho militar de Jennifer e Joe, mas há outros métodos para criar o tempo do casal. Pete e Kathleen têm um ritual. Quando Kathleen chega em casa do trabalho, por volta das 8h30 da noite durante a semana, Pete a saúda e em seguida coloca a água para o chá. Kathleen diz olá para a sua filha de 16 anos (que geralmente está fazendo as coisas dela), troca de roupa e então se junta a Pete na cozinha, quando a água já está fervendo. Eles se sentam juntos e conversam durante quinze ou vinte minutos sobre como foi o seu dia de atividades, até acabarem de tomar o chá.

Bill e sua mulher, Leah, desenvolveram um novo ritual de conversas quando se mudaram para Minnesota, em 1986. Como se sabe, Minnesota é um estado frio, por isso eles compraram uma banheira de água quente e a colocaram ao ar livre, sob as estrelas. O ritual noturno deles consiste em entrar juntos na banheira quente por volta das dez da noite. Eles se sentam lá fora, olham para as estrelas e conversam. Nenhuma criança, nenhuma televisão, nenhum telefone, nenhuma internet — apenas relaxar juntos para terminar o dia. Eles fazem isso todas as noites do ano, exceto quando ficam fora de casa até tarde ou quando o tempo torna isso impossível — digamos, quando está chovendo e relampejando lá fora, ou quando a temperatura cai abaixo de dez graus negativos!

Estes são exemplos de rituais de conexão diários. Se nós pudéssemos agitar uma varinha mágica, nosso desejo seria o de que todos os casais da terra tivessem pelo menos quinze a vinte minutos por dia, sem nenhuma distração, para conversar como amigos. Se isso parece impossível, pergunte a si mesmo o que você queria do casamento antes de se casar; quinze a vinte minutos por dia pareceria um tempo razoável? Sem dúvida teria parecido absurdo, e nem de longe pareceria suficiente!

Tenha em mente alguns princípios básicos para tornar bem-sucedidos esses rituais diários de conexão. Em primeiro lugar, uma vez que você encontre um período que funcione, comprometa-se com ele; caso contrário, você irá perdê-lo para as distrações da vida cotidiana. Se um de vocês está com mais compromissos do que o outro, o ritual falhará, pois o parceiro mais interessado irá se sentir mal em arrastar o outro consigo. Em segundo lugar, escolha um tempo ligado a algum outro evento, como, por exemplo, o café da manhã, uma caminhada depois do jantar ou uma xícara de chá antes de se deitar para dormir. Em terceiro lugar, quando vocês estiverem conversando, concentrem-se em prestar atenção um ao outro — pensamentos, sentimentos, preocupações, alegrias —, em vez de se concentrar em logísticas domésticas como as atividades programadas das crianças ou decisões como a ocasião de pintar a casa. E, em quarto lugar, evitem entrar em conflito. Quase todas as coisas negativas em sua mente podem ser deixadas para depois. Se você entrar em muitos argumentos durante os rituais de conexão, começará a evitá-los. Os rituais conjugais devem ser zonas de segurança.

Casais que Namoram

Além do tempo diário para conversar e se ligar, o outro ritual importante para manter um casamento revigorado enquanto criamos os nossos filhos é continuar a namorar. O que queremos dizer com namorar? Para os iniciantes, eis o que um namoro conjugal não é: não é ir ao cinema, sentar no escurinho do cinema e em seguida voltar de carro para casa. Isso é assistir juntos a um filme, e não sair para namorar; vocês poderiam muito bem ter assistido em casa. Não é sair para jantar com outro casal; isso é confraternizar com os amigos, e não namorar. Não é caminhar devagar um com o outro quando vocês gostam da companhia mútua, mas estão muito afobados para conversar; esse é um bom ritual de recreação, mas não um namoro. Você conseguiu perceber a diferença? Namorar é sair juntos, apenas os dois, para se ligar emocionalmente por meio de conversas e atividades prazerosas.

Barbara e o seu marido, Sam, sabiam que perderiam o seu casamento para as exigências dos seus quatro filhos e da prática médica de Sam se não fizessem do casamento deles uma prioridade. Uma das soluções que eles encontraram foi reservar um intervalo de tempo regular na programação das atividades. Quando as crianças eram jovens e a família tinha pouco dinheiro, Barbara e Sam se revezavam regularmente para cuidar das crianças com membros da família que tinham filhos da mesma idade. Mais tarde, Barbara e Sam contrataram Jodi Lynn, uma confiável garota da vizinhança, que vinha fielmente todas as quartas-feiras à noite para ficar com os filhos dos Carlson para que os seus pais pudessem pôr em dia o seu relacionamento pessoal. Às vezes, os horários de namoro semanais eram apertados, e Barbara e Sam não tinham certeza do que iriam fazer, mas sempre encontravam um meio de transformar os seus horários em alguma coisa que os mantinha ligados em seu relacionamento.

Eis outro ritual de namoro bem-sucedido de um casal, descrito pela mulher. Ela e o marido estavam casados há catorze anos:

> Desde a época em que nos casamos, nós adotamos o dia de pagamento como um dia para sair de casa e ficar juntos. Podíamos ter apenas o dinheiro suficiente para ir ao teatro de um dólar, ou então para comer sanduíches de manteiga de amendoim no parque. Mas nós reservamos um tempo à parte pelo menos uma vez a cada duas semanas para sair juntos. Nós temos um filho com necessidades especiais, que exige grande parte do nosso tempo e da nossa energia. Desse modo, torna-se ainda mais importante usar esse tempo para ficarmos sozinhos juntos com o propósito de nos religarmos e apenas conversar como dois adultos. Os problemas da nossa família estão fora dos limites das nossas discussões en-

quanto estamos namorando, de modo que durante esse tempo nós nos concentramos apenas em nós. Recentemente, nossa filha de 11 anos nos contou que as pessoas casadas não namoram, mas nós tivemos de corrigi-la e fazê-la saber que sim, que na verdade pessoas casadas namoram e gostam disso! Você pode não ser capaz de controlar as circunstâncias em sua vida, mas pode controlar a maneira como reage a elas. A felicidade é uma escolha. *Carpe diem* — aproveite o dia — e tire o máximo dele!

Note os elementos desse ritual de namoro inspirador. Eles sempre saíam, mesmo que fosse apenas para se sentar num banco do parque. Eles também faziam alguma coisa prazerosa, mesmo que fosse apenas comer um sanduíche de manteiga de amendoim ou assistir novamente a um filme velho. E sempre conversavam pessoalmente, a respeito de si mesmos, e não sobre logísticas ou problemas de família. Eles tinham um momento de liberdade, no qual deixavam de conversar sobre suas responsabilidades como pais. Durante esses encontros, eles recuperavam o seu casamento por um certo tempo, resgatando-o dos fardos da vida diária.

Encontrando Tempo para o Casamento durante a Criação dos Filhos

Nós reunimos aqui as nossas mensagens essenciais a respeito da necessidade de você dar prioridade ao seu casamento enquanto educa os seus filhos.

• *Planeje o tempo conjugal.* Agende o seu cônjuge. Coloque-o no calendário da família. Escreva isso na sua agenda de programações pessoais. Dê um *enter* e guarde essa mensagem no seu Palm Pilot. Essa é a principal maneira de remar a canoa. Um executivo comercial, quando finalmente percebeu a necessidade de priorizar o tempo para o seu casamento, gravou a mensagem "Quinta-feira: almoço ao meio-dia com Monica" em sua agenda permanente. Outro casal agenda a sua viagem de fim de semana de aniversário para o ano seguinte tão logo termina de comemorar o aniversário deste ano.

- *Lembre-se repetidamente de que o seu casamento é o fundamento da sua família e a pedra angular da segurança dos seus filhos.* O casamento tem importância primária, e não secundária, para o bem-estar de todos. Isso não significa dizer que as crianças não consigam prosperar numa família de pai solteiro (muitas o conseguem), mas significa dizer que numa família com dois pais casados o fundamento da família é o próprio casamento. Quando ele se torna azedo, a família se torna azeda. Um grande número de pesquisas sobre as famílias com os dois pais mostra que bons casamentos levam a uma boa paternidade/maternidade e que maus casamentos levam a uma paternidade/maternidade ruim.

- *Lembre-se repetidamente de que os seus filhos são capazes de lutar melhor pelas necessidades deles* — a natureza os programou para serem bons em chamar a nossa atenção — do que você e o seu companheiro são capazes de lutar pelas necessidades do seu casamento. Você precisa se inclinar para o lado do seu casamento para obter equilíbrio entre ele e os seus filhos.

- *Limite as atividades externas da sua família* de modo que você tenha dois elementos raros nas famílias dos dias de hoje: tempo para desfrutar juntos um tempo livre como uma família e tempo para desfrutar como um casal.

- *Tenham horários fixos para os seus filhos irem para a cama.* Depois desses horários, vocês não terão mais obrigações e poderão ficar sozinhos como um casal.

- *Não deixe que os seus filhos interrompam toda conversa que você tenha com o seu cônjuge.* Se você realmente quer terminar de conversar sobre alguma coisa, ou se um de vocês precisa do apoio de um ouvinte, sinta-se livre para, educadamente, pedir aos seus filhos para que voltem mais tarde, depois que você terminar de conversar. E ensine-os a perguntar se eles podem interrompê-lo quando o virem conversando com o seu cônjuge.

- *Retire-se para ter com o seu cônjuge algumas conversas importantes de casal.* Diga aos seus filhos que vocês estão indo para o seu quarto para conversar e que você gostaria que eles não o interrompessem a menos que alguma coisa importante aconteça, como, por exemplo, se alguém se machucar.

• *Reserve um espaço privado.* Faça os seus filhos saberem que o seu quarto é privado quando a porta estiver fechada, e que eles precisam bater na porta. Isso envia a eles a mensagem de que há certos intervalos de tempo do casal que as crianças não devem compartilhar sem perguntar antes. Considere colocar uma fechadura se a sua porta não tiver uma.

• *Reserve quinze ou vinte minutos por dia para um ritual de conversa.* Teste até descobrir o que funciona para a programação das suas atividades, e então passe a adotá-lo. Quando você perceber que está se afastando do ritual, esforce-se para recuperá-lo. Como acontece quando você começa novos hábitos como exercício, leva um bom mês ou mais de tempo de conversas regulares para torná-lo um ritual duradouro. Fique atento para retomar o ritual depois de voltar de uma viagem ou de férias.

• *Arrumem uma babá e saiam em datas regulares.* Isso não só é bom para o seu relacionamento, mas também envia aos seus filhos a mensagem de que vocês são de fato um casal de pessoas que fazem coisas especiais juntos: vocês se vestem, ficam bonitos e saem para passar bons momentos juntos. Mesmo que eles protestem, até mesmo as crianças mais novas podem lidar com algumas horas de separação dos seus pais. Crianças mais velhas podem ficar contentes por se livrar de vocês se tiverem uma boa babá (nossos filhos costumavam sugerir que nós saíssemos para que eles pudessem ver a sua babá favorita), e elas se sentirão mais seguras porque percebem que vocês gostam da companhia um do outro. Os adolescentes ficarão impressionados com o fato de que "coroas" como vocês ainda namoram.

• *Saiam para um fim de semana ocasional juntos, mas sem as crianças.* Essa é uma maneira de reviver o seu casamento. Isso dependerá, é claro, das idades dos seus filhos e da sua situação financeira.

• *Façam do seu aniversário uma coisa importante.* Saiam se vocês puderem, mesmo que seja para passar apenas uma noite fora.

Nós ensinamos aos nossos filhos a respeito do casamento pela maneira como vivemos o nosso casamento. Se nós nos tornarmos provedores de serviços parentais em tempo integral, devotando pouco tempo ao nosso casamento, nossos filhos tenderão a abordar os seus próprios casamentos do mesmo modo quando se tornarem pais. Se vocês estão cultivando o seu casamento, e dedicando a ele um certo tempo, sejam abertos com os seus filhos sobre o que vocês estão fazendo e por que o estão fazendo. Você não precisa proferir conferências, mas faça com que os seus filhos saibam que às vezes você estabelece limites para a atenção e a disponibilidade que dedica a eles porque vocês se amam e querem ter certeza de que ficarão juntos. Suas explicações, é claro, serão diferentes para crianças em diferentes níveis de amadurecimento, mas as crianças que já passaram pela fase em que ainda estão aprendendo a andar conseguem entender que vocês gostam muito um do outro e que, às vezes, gostam de ficar sozinhos e fazer coisas juntos. Com os adolescentes, procure momentos em que você possa tranquilamente compartilhar a sua filosofia do casamento como um relacionamento que requer tempo e atenção.

Nós gostaríamos de terminar com as palavras que Bill usou em *Take Back Your Marriage* para descrever a sua experiência de tornar o casamento uma prioridade enquanto criava os filhos.

> Eu não apresento o meu próprio casamento como um modelo para todos os casais. E também não quero dizer que nós não tivemos brigas com os nossos filhos, ou que não cometemos erros. Nós tivemos a nossa parcela das duas coisas. Mas sei que fizemos uma coisa bem: ensinamos aos nossos filhos que valorizamos o nosso casamento sem desvalorizá-los, que mais para nós significa mais para eles, que nós fomos namorados antes de nos tornarmos pais, e que no sistema solar da nossa família, o nosso casamento era o sol, e os filhos, os planetas, e não o contrário.

· 12 ·

Isto Diz Respeito a Cada um de Nós: Como Mudar a Nossa Família

Com base no que já leu até agora, você provavelmente tem várias idéias a respeito de como tornar a sua vida em família uma prioridade máxima. Neste capítulo, gostaríamos de ajudá-lo a refletir sobre como você poderia proceder a partir daqui. Reuniremos alguns temas do livro e acrescentaremos algumas novas estratégias para a mudança.

Comece afirmando o que a sua família faz bem. Vocês acampam bem juntos, mas gostariam de fazer isso com mais freqüência? Brincam de jogos de tabuleiro com risadas e bons sentimentos? Têm rituais de feriados sazonais satisfatórios? Realizam, em família, uma atividade voluntária gratificante na comunidade? Contam histórias na hora de ir para a cama que as crianças e você esperam com prazer que sejam narradas? Pergunte a si mesmo de quais atividades da família você mais gosta, e afirme o que é bom nelas. O desafio está em construir sobre elas, e não em pensar que você precisa criar uma nova família a partir do zero.

Você Está Preparado para Fazer Mudanças?

Um perigo de ler um livro como este é que você pode se sentir tão culpado que decide que precisa fazer alguma coisa, qualquer coisa, para tornar a sua família melhor. E então qualquer coisa que você tentar não funcionará, ou apenas produzirá um resultado contrário ao esperado. É como ver uma versão mais jovem, mais magra, de si mesmo numa foto velha e dizer: "Eu preciso perder peso!" e em seguida começar uma dessas dietas de três dias que nos fazem desmoronar e depois atacar a churrascaria mais próxima. Realinhar as prioridades da sua família é importante demais para que você se aproxime disso impulsivamente, só porque se sente mal a respeito da sua atual programação de atividades.

Por isso, a primeira pergunta que você deve fazer a si mesmo é: "Quão forte eu me sinto para recuperar o tempo da família e usá-lo melhor?" Você deve ter ouvido a história sobre as rãs que são colocadas na água. Se uma rã salta dentro da água fervente, ela pulará para fora de imediato. Mas se uma rã estiver numa panela de água que, lentamente, vai ficando mais quente, um grau de cada vez, ela ficará lá nadando até a água esquentar tanto que ela morrerá. Muitas famílias dos dias de hoje estão dentro de uma água que está ficando gradualmente mais quente, cedendo a cada vez um pedaço da vida da família para as boas atividades ou para a tecnologia mais avançada.

Até que ponto a água está ficando quente para a sua família? É importante monitorar como você se sente a respeito da sua vida em família, e perguntar a si mesmo se você alcançou o ponto do mal-estar e da perda. Se já o fez, então você provavelmente está pronto para considerar mudanças importantes. Por outro lado, se você não está se sentindo especialmente infeliz com as atividades programadas da sua família e com os seus rituais de família, então este pode não ser o momento para fazer quaisquer mudanças importantes. Uma sintonia fina será suficiente. Nesse caso, você poderia querer aperfeiçoar algumas rotinas familiares em rituais de família ou podar um pouco uma das atividades. Você então estará numa posição melhor, em que poderá resistir a ficar tão atarefado no futuro.

A sintonia fina é tudo o que Bill e sua mulher, Leah, tiveram de fazer em meados da década de 1980, quando as pressões sociais sobre as atarefadas atividades da família eram muito menores do que agora. Quando o filho deles de 9 anos, Eric, acrescentou o basquete à sua lista de atividades: futebol, violino e escotismo, Bill e Leah perceberam que estavam começando a perder muito tempo da família. Eles então estabeleceram política: cada criança poderia se dedicar a apenas duas atividades extracurriculares de uma vez: um esporte mais outra atividade. Numa era em que os esportes comunitários eram sazonais, e não durante o ano todo, com práticas limitadas e jogos agendados, essa nova política funcionava bem. As crianças praticavam atividades externas benéficas, e a família Doherty continuou a dispor de muito tempo em família.

A vantagem que Bill e sua família tiveram com a sua mudança era que o padrão de atividades programadas em excesso ainda não havia criado raízes firmes. Se esse padrão está profundamente arraigado em sua família, como está em muitas famílias nos dias de hoje, é melhor que você consulte o seu coração e se concentre nos seus valores antes de pedir a sua família que faça mudanças importantes. Como grandes navios, as famílias têm muito impulso no mar aberto, e não fazem com facilidade mudanças bruscas de direção.

Começando

A primeira coisa é manter os olhos voltados para o prêmio: tornar a vida familiar mais relaxada e agradável, reduzindo as programações apertadas e criando espaços de conversa não dominados pela televisão e por outras mídias. Sua família provavelmente gostará de ter mais tempo da família e mais rituais de família, depois que se acostumar com a mudança. A família O'Leary é um exemplo. Com ambos os pais que trabalham e três atarefadas garotas adolescentes e pré-adolescentes, a família estava girando no carrossel da família americana até que a mãe, Lisa, foi diagnosticada com câncer de mama. Como o marido dela, Bob, nos conta a história, esse fato levou os pais a fazer uma avaliação do que era mais importante em suas vidas, e ficar superenvolvidos em atividades extracurriculares não estava no topo da lista. Eles perceberam que há muito tempo haviam deixado de fazer jantares em família, e então decidiram começar a partir daí.

Bob relata que a mudança não foi fácil no começo. As garotas não entendiam por que todos eles tinham de jantar em família quase todas as noites. (Os pais mudaram o jantar para um horário diferente, de modo que todos pudessem estar presentes.) Elas faziam nas refeições o típico gesto do "bico", com que os adolescentes e pré-adolescentes expressam o seu desagrado. Porém, depois de algumas semanas, os jantares mudaram de desagradáveis para "neutros" (expressão de Bob), e então, ao longo dos poucos meses seguintes, as refeições se tornaram, na maioria das vezes, mais positivas e agradáveis para todos. Agora, elas são uma característica permanente da vida conjunta da família O'Leary, um porto onde eles podem ancorar por um tempo em meio à programação diária das atividades.

Há várias lições importantes na história da família O'Leary. Uma delas é *aproveitar as oportunidades para a mudança* que chegam até você, mesmo que elas venham por meio de acontecimentos inesperados e negativos. No caso dessa família, foi a doença da mãe. Em outra família, foi o tornozelo quebrado da filha, que era a estrela do time de futebol, o que fez com que a família tivesse de fazer uma pausa e vivenciar o que se perdera. Uma terceira família passou um ano no estrangeiro por causa do trabalho do pai, tempo durante o qual eles tiveram de contar com a companhia um do outro. Depois de passar esse ano "aprendendo a ser uma família novamente" (palavras deles), eles voltaram a dar prioridade ao tempo da família quando voltaram para os Estados Unidos. Uma oportunidade mais comum de fazer uma grande mudança é quando uma família se muda para outra cidade ou outro bairro; este é um ponto de escolha em que um novo tipo de equilíbrio da família pode ser criado.

A segunda lição consiste em *perseverar*, o que significa que você tem de se comprometer a mudar. As garotas O'Leary fizeram o melhor que puderam para deixar os pais saberem que ter jantares regulares era inconveniente e chato. Os pais resistiram à tentação de sucumbir antes da recompensa. Teria sido mais fácil eles dizerem a si mesmos depois de uma semana: "Ei, isso não está funcionando para a união da família. As garotas estão contrariadas, e as conversas são ásperas. Por que estamos fazendo a nossa família passar por isso?" Assim como acontece com bons rituais da hora de ir para a cama, que as crianças adorarão depois que se acostumarem a adotá-los, muitas outras mudanças requerem firmeza dos pais. As crianças encontram um modo de aderir quando fazemos mudanças baseadas nos nossos valores sobre a vida familiar. A terceira lição é que os *pais precisam permanecer unidos*. Falamos a respeito disso no capítulo sobre as famílias com pai e mãe. Lisa e Bob tomaram juntos a decisão de recuperar a vida em família, começando pelo jantar, e fizeram isso acontecer. Se um deles tivesse sido um elo fraco, o outro teria de enfrentar quatro adversários em vez de três quando as garotas fizeram a sua resistência passiva na mesa de jantar. Antes de mais nada, o casal tem de estar de acordo sobre os valores em jogo, e também sobre a maneira como irá implementar esses valores. Se esse não é o caso, então empregue a sua energia conversando com o seu parceiro conjugal antes de tentar levar a sua família numa direção diferente.

Encontre Tempo para a Família: Some, Subtraia ou Multiplique

Cada família é diferente, por isso não haverá nenhuma estratégia universal que funcione para todas. Eis algumas estratégias globais para você levar em consideração quando fizer mudanças em sua própria família.

Se a sua família estiver com excesso de atividades programadas, você precisa começar *subtraindo uma atividade* ou reduzindo o tempo que você passa numa atividade. No caso da família Doherty, descrito anteriormente, os pais decidiram que um dos esportes tinha de ser abandonado, e deixaram que o filho tomasse a decisão de qual atividade manter. Em outra família, os pais decidiram que a atividade que estava consumindo mais tempo da família — o programa de dança itinerante da filha — tinha de ser deixada de lado. Eis as opções para você subtrair da sua agenda:

• *Elimine uma atividade* que consuma muito tempo ou que interfira com uma atividade familiar importante, como o jantar, a hora de ir para a cama ou os serviços religiosos. Quando você discutir isso com o seu filho, certifique-se de que está enfatizando as razões da família para fazê-lo, além de quaisquer benefícios para o seu filho, como o de ter mais tempo livre. Reconheça os sentimentos de perda ou de raiva do seu filho, se esses sentimentos estiverem presentes. E também enfatize que isso não é uma punição, mas um ajuste.

• *Reduza a intensidade de envolvimento com uma atividade atual.* Uma família disse ao filho de 12 anos que ele poderia ficar no futebol, mas que não viajaria com o time itinerante por causa do preço que essa atividade exigia da família e da sua própria agenda. Outra família avisou o treinador de beisebol no começo da temporada que o filho deles não iria treinar nem jogar aos domingos, porque esse era um dia da família, e que eles entenderiam se isso significasse que ele se sentaria no banco com mais freqüência do que antes.

• *Reserve para você e a sua família um período de descanso em meio às atividades externas.* Nós conhecemos várias famílias que têm feito longas interrupções durante o verão. Esse pode ser um tempo para vocês relaxarem e se reagruparem como uma família, e então tomarem decisões a respeito das prioridades para o próximo ano. Certifique-se também de que você pensou sobre os tipos de atividades em que você e os seus filhos irão se empenhar durante o período de descanso, de modo que essa não seja uma experiência vazia. Por outro lado, não seja o diretor de recreação não remunerado; envolva as crianças no início do período de descanso para planejar as atividades em que elas possam contribuir.

• *Elimine a televisão e outras mídias das atividades nas quais você quer uma conversa em família.* Você pode tirar a televisão da sala de jantar, ou pelo menos certificar-se de que ela está desligada antes de iniciar a refeição. Você pode tirar a televisão ou o computador do quarto das crianças com o objetivo de promover o contato familiar. Quando uma família percebeu que os seus filhos estavam viciados em ver televisão no carro, decidiu limitar o acesso delas à televisão nas viagens da família.

A segunda estratégia global consiste em somar as atividades da família em sua agenda. (Você pode ter de fazer isso juntamente com a subtração de atividades, se não houver atualmente espaço adicional na agenda da sua família). As refeições familiares são uma boa atividade para começar, se você não estiver tendo muitas delas. Você pode somar apenas um jantar por semana, digamos, nas noites de domingo, quando em geral não há nenhuma atividade externa. Torne especial essa refeição, como já sugerimos antes. Ou, como fez a família O'Leary, você pode enfrentar a dificuldade e instituir jantares com mais freqüência. Pode acrescentar umas férias em família em seu calendário e informar ao mundo que nada irá afastá-lo disso neste ano, mesmo que o seu filho seja escolhido para as Little League World Series. Você também pode somar dois ou mais momentos do tempo da família simultaneamente, digamos, rituais regulares para a hora de ir para a cama e uma noite semanal de jogo. A meta dessa segunda estratégia é procurar o que você pode somar positivamente às atividades da sua família, quer você reduza ou não a sua agenda externa. Em alguns casos, pode ser eficiente tornar o tempo que você arrumou melhor para a sua família ritualizar as refeições, e então justificar a realização dessas atividades com maior freqüência, reduzindo a agenda externa.

A terceira estratégia — a multiplicação — é a mais radical. Ela implica fazer uma mudança importante na maneira como a sua família está vivendo — muitas mudanças, todas de uma só vez —, tanto fora como dentro de casa. Alguns pais chegam ao ponto de dizer: "Basta! Alguma coisa drástica precisa acontecer. Precisamos recuperar a nossa família!" É claro que não podemos prescrever uma mudança assim para a sua família. Mas algumas famílias recuperam o tempo da família exatamente dessa maneira, fazendo uma mudança radical nas prioridades. É o modo mais rápido de mudar, mas você precisa estar muito motivado e preparado para perseverar com os seus filhos e ser visto como uma pessoa diferente, talvez até estranha, pelos outros pais da sua comunidade.

Há provavelmente tantas maneiras de retomar a sua vida familiar quanto há famílias. Se você tem só um filho, sua tarefa é diferente da que você terá de realizar se tiver cinco. Se você tem um filho que é um atleta e músico talentoso e altamente motivado, seu desafio é diferente do que você terá no caso de os seus filhos não se preocuparem com essas atividades. Se você é um pai que trabalha ou não, o seu desafio é diferente. Se não existem crianças na vizinhança para brincar, sua situação é diferente daquela em que o seu quarteirão está cheio de companheiros para seus filhos brincarem. Se a sua família já realizava ótimos rituais de jantar, será mais fácil para você persistir em criar os seus próprios rituais, o que não aconteceria se os jantares da sua família fossem cheios de conflitos ou de aborrecimentos. Nós não oferecemos prescrições universais, pois cada família é diferente.

Mas aprendemos com muitos pais que, se você decidiu que quer recuperar o tempo da família e usá-lo bem, precisará de muita disciplina, vigilância e planejamento de longo prazo. Você precisa, neste ano, pensar sobre o planejamento das atividades para o próximo ano. Você precisa pesar o potencial de cada nova atividade à luz do seu custo em tempo da família e em tempo livre dos seus filhos. Você precisa dizer "não" a muitas boas oportunidades porque elas irão interferir com a melhor oportunidade que você pode dar para o seu filho — uma família unida. Nós gostaríamos muito de ouvir a respeito das experiências que você teve enquanto viajava por essa estrada pouco trafegada, para que pudéssemos compartilhar com outras pessoas. Você pode nos enviar um e-mail para: puttingfamilyfirst2002@yahoo.com.

· 13 ·

Isto Diz Respeito a Todos Nós: Como Mudar a Nossa Comunidade

Nós, seres humanos, somos animais que vivem em bando, criaturas sociais, se você preferir. Somos mais parecidos com leões, que vivem em grupos, do que com tigres, que perambulam sozinhos. Criamos os nossos jovens em bandos, que chamamos de vizinhança, escola e comunidade. Estas, por sua vez, estão encaixadas nas culturas mais amplas que nós criamos. O resultado disso é que é difícil para nós, como pais individuais, recuperar nossa família quando o mundo social ao nosso redor nos puxa no sentido oposto.

Se você duvida dessa influência, olhe ao redor da maioria das vizinhanças nos dias de hoje. Mesmo nos fins de semana e nas noites de verão, quando a maior parte dos pais não está trabalhando, há poucas crianças brincando fora de casa. Não há mais muitas crianças disponíveis se você as convidar para uma data recreativa especial com o seu filho. Portanto, se você comparar os horários das atividades programadas dos seus filhos com os horários das crianças da vizinhança, a probabilidade de que não haja ninguém disponível para brincar é grande. Para encontrar companheiros de brincadeiras para os seus filhos, você terá de deixar que a agenda da sua família se renda às atividades estruturadas.

Você quer manter os seus filhos fora das aulas de ginástica pré-escolar? Como no caso de uma mãe solteira que nós conhecemos, você poderia receber de parentes e amigos a advertência de que está privando a sua filha de 4 anos de uma oportunidade de ter sucesso, que ela já está "ficando para trás". Você acha que a idade de 11 anos já é adequada para o futebol competitivo? Com essa idade, o seu filho estará tão aquém das habilidades quanto confuso no campo. Se você tem uma filha que é a pedra angular de time de *softball*, mas você quer reservar os domingos para a família, a pressão estará lá para que ela possa participar do time da comunidade. Seu filho tem uma boa voz para cantar? O diretor do coro da igreja ou da sinagoga não será muito compreensivo com relação à sua decisão de não acrescentar essa atividade enriquecedora e enaltecedora às atividades programadas do menino. A verdade é que há hoje pressão social para fazer mais e dedicar mais tempo e energia para qualquer outra coisa que não seja o tempo da família e o tempo de folga pessoal.

A mesma pressão recai sobre líderes adultos de atividades escolares e comunitárias. Um jovem ministro nos confessou que as suas avaliações no final do ano baseiam-se não apenas em quanto tempo um jovem passa com a família, mas também com que freqüência o ministro é capaz de manter esse jovem fora de casa e dentro de uma atividade da igreja. O diretor de programação de uma ACM local nos contou que as reclamações que ele recebe dos pais nunca são sobre programações invasivas, mas sobre por que a piscina não fica aberta até as onze da noite aos domingos para as crianças que quiserem um treinamento extra de algumas braçadas a mais na piscina.

Ironicamente, o tempo gasto em esportes nas faculdades é mais fácil de controlar porque os times de faculdade são estritamente regulados pela lei. O time de futebol da faculdade não pode começar sua prática até agosto, só pode jogar um certo número de jogos, precisa terminar a sua temporada no Dia de Ação de Graças e só pode praticar durante certo número de horas por semana. A liga de beisebol jovem da comunidade, por outro lado, é limitada apenas pela obstinação e pela ambição de seus treinadores e pais. Um treinador nos contou que o seu time de garotos de 11 anos de idade certa vez jogou oito partidas em sete dias. Ele e o filho não viram o restante da família naquela semana. Ele assinalou que os atletas profissionais têm sindicatos que proibem essas programações! Esse treinador é típico do que está acontecendo em nossas comunidades atualmente. Ele concordou em treinar porque o seu filho estava envolvido no time e ninguém estava disposto a dar do seu tempo. Ele via o treinamento como uma maneira de estar com o filho e de servir à comunidade. Ele precisa seguir um planejamento que a liga estabelece. Os líderes da liga são os pais mais entusiastas — sejamos honestos, em sua maioria são os pais. Esses voluntários não remunerados querem que as crianças aprendam e sejam bem-sucedidas, e eles estão observando o ritmo e a intensidade dos programas esportivos em comunidades vizinhas. Times de crianças menores tornam-se oportunidades para recrutamento por times itinerantes que representam a comunidade. Sem qualquer decisão consciente de alguém, crianças pequenas jogam hoje o equivalente a times profissionais, que alimentam o anseio por níveis de competição mais avançados.

Tudo faz parte do mesmo quadro na vida acadêmica, enquanto as lições de casa são atualmente intensificadas nas escolas, em particular nas escolas particulares suburbanas e de elite. Com o aumento da pressão para melhorar o desempenho escolar, e apreensivos com a incursão de atividades extracurriculares na vida acadêmica, os professores têm aumentado as suas expectativas com relação às lições de casa, freqüentemente como resposta às exigências dos pais. Crianças e famílias também ficam espremidas à noite, temerosas de que, se descartarem qualquer expectativa acadêmica ou extracurricular, isso restringirá as oportunidades escolares. Para crianças e famílias ambiciosas, a maior parte das horas despertas que não transcorrem na escola é dedicada a tarefas de casa ou a atividades extracurriculares. Algum tempo livre foi deixado para depois? Por que não gastá-lo intoxicando-se, assistindo à televisão ou na internet?

Cansado de ler apenas isso? A mulher de Bill, Leah, que é uma enfermeira pediátrica, conta a respeito de crianças no consultório que pedem tranqüilamente para se libertar de programações tóxicas, freqüentemente para os ouvidos surdos de pais que querem o melhor para os filhos, mas acham que essas lamentações são uma forma de eles ficarem mais negligentes e preguiçosos. No entanto, os pais também sentem a pressão. Um terapeuta conta de pais que, com os olhos caídos, perguntavam: "Mas o que aconteceu com o tempo livre para desfrutar em família?" Não são apenas os professores que lutam arduamente pelo tempo do ensino ao acrescentar trabalhos à vida das crianças. Membros do clero e líderes religiosos leigos sentem que os seus programas de atividades estão perdendo terreno para os esportes comunitários. Então, eles se tornam exigentes em suas expectativas. Perca mais de uma aula de confirmação, e o seu filho não será crismado. Escolha entre ser crismado ou jogar nos campeonatos da liga de basquete. Um pai nos contou a respeito da decisão da sua família (com a qual a sua filha concordou), de que ela perderia dois torneios de jogos de futebol para participar, no fim de semana, da preparação para a sua confirmação na igreja luterana. O treinador enviou a essa garota de 13 anos de idade uma carta zangada, que a acusava de não honrar o compromisso. A garota ficou arrasada e não voltaria para o time. O pai telefonou ao treinador para lhe dizer que os pais acreditavam em compromisso, mas também em equilíbrio. O treinador respondeu: "Eu não acredito em equilíbrio".

Você pensaria que esse pai teria fechado a porta para o envolvimento futuro de sua filha com esse treinador — basta com esse absurdo! Mas, infelizmente, ele e a mulher deixaram a decisão para a filha, que, depois de passar duas semanas perdendo as atividades do time, e sofrendo a pressão das colegas, decidiu voltar. O pai, de início, concordou em nos deixar publicar a carta do treinador (removendo os nomes, é claro), mas mudou de idéia depois que a filha decidiu retornar à tutela do treinador. As crianças querem muito se encaixar, e nós às vezes temermos limitar o quanto elas precisam se curvar para fazer isso acontecer.

Mesmo esse treinador, embora tenha saído da linha, é um reflexo de forças culturais mais amplas que invadiram a infância, a vida familiar e as comunidades. A nossa era é uma idade de pressões de tempo e de competição global feroz sem precedentes. A tecnologia é uma das principais culpadas de alimentar as pressões de tempo que nós agora estamos vivenciando. Nós esperamos comunicação instantânea e 24/7 de disponibilidade. O terapeuta familiar Peter Fraenkel escreveu sobre o dia em que acordou para essa realidade. Depois de notar, no metrô de Nova York, a predominância de propagandas de computadores, de linhas de acesso à internet e de serviços *on-line* mais rápidos, e mais rápidos, e mais rápidos, ele percebeu que a mensagem subjacente era a de que sua própria vida era "indescritivelmente lenta". Ele escreveu na *Psychoterapy Networker*:

> Mais tarde, quando virei a esquina em direção ao meu escritório, notei os mesmos tipos de propagandas em várias cabines telefônicas. A mais agressiva delas, que apregoava alta velocidade de acesso à internet, era forjada num vermelho demoníaco e dizia, em letras maiúsculas de trinta centímetros de altura: "NÃO COMETERÁS OCIOSIDADE". Em letras de corpo menor, explicava-se: "Esperar por dados é um pecado".

Sente-se pecador? O problema, é claro, é que o desenvolvimento psicológico dos bebês, das crianças e dos jovens nas famílias baseia-se em necessidades que têm evoluído ao longo de milênios de história, e não são prontamente adaptáveis à era da internet de alta velocidade dos dias de hoje. As crianças precisam de segurança, de previsibilidade e de muita atenção. (Com essa base, elas são capazes de lidar com um ambiente altamente estimulante.) Mas essas necessidades vagarosas dos nossos filhos e da nossa família estão fora de sincronia com a cultura de avanço rápido. Este é o motivo pelo qual criar bem os filhos é hoje um ato contracultural. Será preciso uma revolução social de uma geração de pais para desacelerar a infância e recuperar a vida da família.

Além das pressões do tempo, a corrida econômica quase sempre tem sido ganha pelos rápidos e espertos, mas nos dias de hoje você não pode ficar para trás nem mesmo por um curto período. A segurança no emprego caiu, junto com a lealdade aos patrões. O individualismo está em alta, o envolvimento com a vizinhança está em baixa, e o engajamento cívico pelo bem comum é muito deprimente. Como assinalou o autor David Brock, nas gerações anteriores a riqueza ou um nome de família estabelecido poderiam garantir o sucesso para os filhos no início da sua vida adulta — a faculdade correta, um primeiro emprego bom. No ambiente atual, até mesmo esses pais sabem que os seus filhos devem competir por tudo o que eles obtêm, sem nenhuma garantia. As crianças sempre competiram por graus, por um lugar no time, por um papel na peça da escola. Mas agora a competição começa quando eles ainda estão aprendendo a andar e se intensifica a cada ano. Medo de que o seu filho seja deixado para trás ou de que seja esquecido é a ansiedade dos pais da nossa era. É por isso que os pais que se fazem conhecidos por conduzir os filhos em competições tornam-se líderes comunitários. Mas eles são realmente flautistas de Hamelin mal orientados, tocando a melodia de uma cultura que está roubando a infância das nossas crianças e o sustento emocional das nossas famílias.

Precisamos de Novos Líderes do Bando

Estamos dizendo que os líderes do bando nos dias de hoje são os pais que, com boas intenções, sobrecarregam suas famílias com atividades programadas externas e programam precariamente o tempo da família. Eles se vangloriam ostentando o quanto as suas famílias estão atarefadas e como os seus filhos competem bem. (Você leu recentemente as redações sobre férias?) Eles proclamam que os seus filhos de 4 anos de idade não apenas conhecem o alfabeto e as cores, mas também são fluentes em francês, o que lhes dará uma vantagem na faculdade. Eles raramente falam sobre se divertir com jogos de família em casa, sobre como os seus filhos são íntimos dos avós ou sobre ociosos desjejuns fora de hora em família no fim de semana. Eles estimulam programas e instalações locais para que ofereçam mais oportunidades, para vencerem com mais freqüência e para se programarem mais intensamente. E eles estão dispostos a pôr em ação essas atividades se for necessário.

Não há vilões nesse quadro. O restante de nós, influenciado pela mesma cultura, tem escolhido seguir esses líderes paternos. Eles são boas pessoas, tentando fazer o melhor para os filhos na cultura competitiva e acionada a turbocompressor dos dias de hoje. Eles são líderes do bando apenas porque o restante de nós abdicou em favor deles. Pelo bem das nossas crianças e das nossas famílias, é hora de uma mudança de liderança nas nossas comunidades.

Putting Family First: *Uma Iniciativa dos Pais*

Para começar esta mudança cultural e comunitária, nós estamos entre os fundadores de um movimento popular de pais em Wayzata, Minnesota, denominado *Putting Family First* [A Família em Primeiro Lugar], cujo objetivo é construir uma comunidade em que a vida familiar é uma prioridade honrada e celebrada. A teoria democrática subjacente a esse trabalho é que as famílias podem ser apenas um solo preparado e bem-adubado para cidadãos atuais e futuros se eles alcançarem um equilíbrio entre vínculos internos e atividades externas. Nós acreditamos que esse equilíbrio está gravemente fora da ordem adequada para muitas famílias em toda a nossa nação, e que a recuperação da vida familiar requer um movimento público, de base popular, gerado e sustentado pelas próprias famílias. *Putting Family First* está tentando influenciar o diálogo cultural a respeito do equilíbrio entre a vida familiar e as atividades externas e criar conexões entre os pais para que eles ofereçam apoio mútuo ao fazer mudanças pessoais.

Os pais em *Putting Family First* acreditam que a mudança precisa ocorrer simultaneamente em comunidades e em famílias individuais. *Putting Family First* não oferece prescrições específicas para as famílias, mas enfatiza a importância de as famílias fazerem escolhas conscientes a respeito das suas prioridades. Nem tem por enfoque o puro tempo que se passa em casa, embora enfatize a maneira como as famílias usam esse tempo. Nós imaginamos famílias convertendo os jantares em rituais de conexão, com todos os seus membros jogando jogos e se entregando a atividades recreativas, praticando juntos um culto, se eles são religiosos, e empenhando-se em atividades de cidadania que constroem e servem às suas comunidades. Famílias têm muito a ensinar umas às outras a respeito do uso criativo do tempo, incluindo maneiras de impor limites à televisão, à internet e aos outros meios eletrônicos que têm o potencial de dominar a vida familiar. *Putting Family First* acredita que as atividades escolares e comunitárias contribuem para uma infância rica. Nós não estamos pedindo para nenhuma família fechar suas portas para o mundo exterior. O desafio é encontrar um equilíbrio, que será diferente para cada família, entre as atividades internas e externas. Nós, em particular, valorizamos atividades entre as gerações, nas quais as famílias podem participar juntas, como atividades de aprendizagem em comum e maneiras de servir e de construir a comunidade. Dito isso, a maior parte das famílias terá de se inclinar na direção do tempo interno da família num mundo que puxa os membros da família em diferentes sentidos.

Putting Family First vislumbra um futuro no qual as organizações e os grupos na comunidade

- fornecem às famílias recursos para desenvolver vínculos mais profundos num mundo em fragmentação
- oferecem atividades regulares entre as gerações, de modo que toda a família possa participar
- têm políticas de trabalho explícitas que reconhecem, apóiam e respeitam as decisões das famílias para tornar o tempo da família uma prioridade
- têm políticas de trabalho explícitas que respeitam os esforços dos empregados para criar um equilíbrio entre o trabalho e a família.

Dentro dessa visão de famílias fortes e equilibradas que florescem numa comunidade democrática vibrante, *Putting Family First* criou um selo, o Putting Family First Seal, para reorientar o relacionamento entre as famílias e os grupos que programam atividades externas dos membros da família. Esses grupos incluem programas esportivos, religiosos e de belas-artes, além de outras atividades. O selo (aparentado com o Selo de Aprovação de Good Housekeeping [Boa Administração da Casa]) é concedido a grupos e organizações com um visível compromisso em oferecer apoio à vida familiar, enquanto fornece oportunidades enriquecedoras para os indivíduos. Eis aqui os seis critérios a que a organização precisa satisfazer para obter o Selo Putting Family First:

- *Prioridades equilibradas.* Uma afirmação por escrito afirma que outras prioridades da vida, particularmente os relacionamentos familiares, vêm em primeiro lugar na vida dos participantes.
- *Expectativas claras.* Todas as expectativas de tempo e financeiras para os participantes e as famílias são esclarecidas antecipadamente e por escrito.
- *Programação de atividades favorável à família.* Essa programação é feita tendo-se em mente as necessidades e as programações da família. Sempre que possível, os eventos são programados de modo que não interfiram com os jantares em família, os feriados e as participações religiosas.
- *As decisões familiares são respeitadas.* Na ação política escrita e na prática, as decisões dos participantes e das famílias em dar prioridade para as atividades da família são plenamente aceitas, sem penalidades ou recriminações.
- *Os compromissos religiosos são respeitados.* As participações das crianças e dos jovens não são arbitrariamente negadas numa atividade se as famílias limitarem o seu envolvimento por causa de compromissos religiosos.
- *Os pais têm uma voz.* Os pais têm a oportunidade de dar *feedback* a líderes de programas a respeito de programação, para avaliar quão bem os valores do programa sobre a vida familiar estão sendo implantados, e fazer recomendações para anos futuros.

Nós também acreditamos que as famílias têm responsabilidades para com as organizações nas quais elas matriculam os seus filhos. Eis as expectativas de Putting Family First para as famílias:

• As famílias devem tomar suas próprias decisões, baseadas em seus valores e prioridades, a respeito de equilibrar o tempo da família e as atividades externas.

• As famílias devem informar de antemão os líderes das atividades a respeito dos limites que irão impor à participação dos seus filhos.

• As famílias têm de falar com franqueza quando lhes for pedido para assumir compromissos de tempo que elas acreditam não ser razoáveis.

• Uma vez que concordem com uma programação de atividades, as famílias são responsáveis por pô-la em prática.

• Assim como os líderes das atividades devem respeitar a vida da família, as famílias devem respeitar os líderes das atividades e os outros participantes do programa sendo fiéis às programações com as quais concordaram.

• Quando uma prioridade da família requer uma ausência ou mudança na programação, a família tem a obrigação de informar o líder de atividades o mais cedo possível.

Além do Selo Putting Family First, existe a influência de pai para pai na comunidade Wayzata. Quando os pais começaram a conversar com os seus amigos e vizinhos a respeito de reequilibrar suas vidas, a influência deles começou a se espalhar por toda a vizinhança e pelas comunidades de fé. Outros pais frenéticos começaram a acreditar que não estavam arriscando o futuro dos seus filhos ao dizer não para certas atividades, mas, em vez disso, estavam ajudando o futuro dos seus filhos. Os novos líderes do bando começaram a surgir. Nós estamos organizando Grupos de Pais Putting Family First em toda a comunidade, e patrocinando fóruns de discussão na internet. Se você estiver interessado em mais informações a respeito de Putting Family First, incluindo o que você deve fazer para começar um em sua própria comunidade, consulte nosso *site*: http//www.Putting FamilyFirst.org.

Encontrando Willoughby

Nós começamos este livro com a história de duas famílias — uma atarefada família de New Jersey e a família Peterschmidt, que recentemente fez importantes mudanças em suas programações. Eis aqui a história dos Peterschmidt, de como eles vieram a fazer sua mudança radical nas prioridades, tal como é contada por Bugs Peterschmidt, uma das líderes do movimento Putting Family First.

Com as listas fornecidas por corretores de imóveis na mão, meu marido e eu procuramos pela casa certa no subúrbio certo fora de Minneapolis, alguma coisa para uma família em crescimento constituída de quatro pessoas. Nós vimos parques, *playgrounds*, bibliotecas, ficamos sabendo onde estavam os melhores distritos escolares e fizemos vigorosas orações pedindo orientação. Mas, independentemente de quantas chácaras contemporâneas em calmos becos sem saída eu examinei, o que eu realmente queria era uma casa em Willoughby.

Willoughby não é um lugar real, é alguma coisa vinda de *Além da Imaginação*, um velho episódio que o meu marido, Eric, e eu tínhamos assistido anos atrás, quando ainda éramos recém-casados.

Nele, um executivo fatigado cai no sono durante sua viagem de trem para casa. Quando acorda, ele percebe que está numa cidade idílica na década de 1880. Um banda toca no coreto da praça, pessoas passeiam pelo lugar com passos tranquilos e saúdam umas às outras pelo nome. Como lhe conta o condutor: "É onde um homem pode diminuir a sua marcha e caminhar, e viver a sua vida plenamente".

Isso é o que Eric e eu queríamos para nós mesmos e para o nosso filho de 3 anos, Max, e para o bebê que eu estava esperando. Isso, e um quarto para o trem.

"Um quarto para o trem?", perguntavam os vendedores. Max teve de explicar: "Um lugar onde nós possamos colocar montanhas e túneis e um trem que anda pela cidade". Era um projeto de família que tínhamos há muito tempo. Nós precisávamos de espaço para instalar a ferrovia de brinquedo que Eric tinha desde quando era garoto. Eu queria fazer acréscimos a ela, especialmente a cidade do trem. Eu tinha vontade de fazer alguma coisa divertida e duradoura para os nossos filhos e para os filhos deles.

Caminhando com passos ruidosos e pesados nós visitamos casa após casa, vimos dezenas de sótãos apertados e de garagens sombrias e quartos de brinquedo nos quais o nosso conjunto nunca se encaixaria. Então, paramos numa casa de dois andares com uma placa onde se lia: "À Venda pelo Proprietário" no gramado da frente. O proprietário nos mostrou o quarto perfeito no porão. "Vamos ficar com ela", disse Eric. A casa estava em bom estado, as escolas locais eram excelentes, os vizinhos, amigáveis e o quintal estava cheio de bétulas altas como torres, olmos e bordos. Eu já podia imaginar as crianças da vizinhança se atirando por entre as árvores em noites quentes de verão, brincando de pique e de esconde-esconde.

Dois meses depois, enquanto desempacotávamos as nossas caixas, eu fiquei olhando fixamente pela janela da nossa nova casa, quase esperando ver uma bicicleta antiquada rodando pela vizinhança ou uma banda tocando num coreto decorado com tiras de panos coloridos. Sim, esta poderia ser a nossa Willoughby, pensei.

Nós começamos a instalar o trem de brinquedo de Eric no porão. Nossa filha recém-nascida, Betsy, ainda estava em seu berço de vime quando eu instalei ruas numa enorme plataforma de madeira compensada com o trem circulando pela cidade. Ao longo dos anos, à medida que nos estabelecíamos em nossa casa, acrescentamos coisas à maquete — um coreto no parque e uma igreja com a torre branca, o centro espiritual desse universo. Eu construí fábricas e casas cujos nomes foram dados por amigos — Chocolates da Michelle por uma amiga que adora doces, a casa de Dodd por outro.

Mas parecia que não havia tempo suficiente na cidade da vida real para a qual nós havíamos nos mudado. O pouco que havia parecia fugir rapidamente. Antes que eu me desse conta, as crianças estavam na creche. Eu queria ser uma mãe que fica em casa, e por isso comecei um trabalho de cuidado diário em nossa casa. Quando Max estava no jardim-de-infância, uma mãe que eu conhecera no APM me telefonou com notícias urgentes: "As matrículas para o T-Ball do verão são nesta semana". "Ainda estamos em janeiro", eu disse. "Você precisa entrar logo na lista para ter certeza de que haverá lugar para o seu filho", ela me informou. Eu o matriculei. Também havia aulas de natação. Eu nunca aprendi a nadar e queria que Betsy e Max aprendessem.

Logo, eu estava dirigindo o meu carro até a piscina da cidade duas tardes por semana.

Como uma trégua nos nossos dias atarefados, nós trabalhávamos juntos no trem de brinquedo nos finais de semana. No outono, saímos de carro em direção ao campo para apanhar varas-de-ouro ao lado da estrada. Nós as pendurávamos no varal para secar, e então as pintávamos de verde e marrom — perfeito para os bordos e olmos em miniatura para as ruas da nossa cidade do trem. "Nós precisamos de uma montanha", decidiu Max certo dia. Então, equipados com papel-maché e tiras de pano mergulhadas em cola, começamos a modelar um pico íngreme.

Com os cotovelos enterrados no papel-maché, ouvi o telefone tocar. Disparei escada acima. A mãe de um dos colegas de escola de Max, muito excitada, me falou sobre as aulas de aprimoramento em matemática e ciências que estavam sendo oferecidas. "Os alunos realmente não recebem o ensinamento suficiente durante as aulas diárias regulares", ela disse. "Esse tempo extra fará uma grande diferença na faculdade."

Faculdade? Eu pensei. Max é apenas um garoto de 9 anos. Mas eu o matriculei. Eu certamente não queria que os meus filhos ficassem para trás.

Nossas atividades programadas ficaram ainda mais febris. Max começou a tomar aulas particulares de violino em St. Paul, uma viagem de ida e volta de noventa minutos. E Betsy queria aprender piano. A temporada de futebol se estendia por meses. As crianças se precipitavam para casa, para fazer as lições de casa, pegavam alguns *muffins*, e nós atravessávamos a cidade de carro para a prática das 5h30. Nas noites de verão, eu olhava para o quintal vazio. *Não era de admirar.* Cada hora dos dias dos nossos filhos estava ocupada. Simplesmente, eles não tinham tempo para brincar lá fora.

Nossas vidas embarcaram num carrossel em alta velocidade, como um trem em movimento. Eu fiquei tão cansada com tudo isso que certa noite eu me queixei para Eric: "Nós estamos fazendo as coisas em excesso. Tudo é uma tremenda correria".

"Será que não podemos cortar alguma coisa?"

"Mas tudo é importante."

Lições de música, escotismo, grupo de jovens na igreja, meu trabalho, o trabalho de Eric. Nada podia cair fora. E toda vez que as crianças desistiam de uma atividade, sempre existia uma nova para substituí-la. Basquete, aulas de arte, lições de trompa. Era isso o que significava educar uma criança na América nos dias atuais. Eu estava enganando a mim mesma ao pensar que esta cidade — ou qualquer lugar — poderia ser como a idealizada Willoughby. Eu mantive esse ritmo exaustivo até o inverno, quando desenvolvi uma terrível tosse seca e intermitente. Meus pulmões estavam tão fracos que eu ofegava ao subir a escada. O médico ouviu minha respiração, tirou uma chapa dos meus pulmões e veio com o diagnóstico de pneumonia.

"Eu tenho *carpool** amanhã", lamentei.

Ele olhou para mim seriamente. "Isto é muito grave. Você precisa ficar em repouso completo para ficar bem. Darei a você alguns antibióticos fortes, mas a sua tarefa agora é o repouso."

Por uma semana eu dormi. Dia após dia eu fiquei deitada na cama, ignorando o telefone. Quando, finalmente, pude me levantar, fui até o porão, acendi a luz e fitei por longo tempo a nossa Willoughby. O nosso mundo ideal era apenas um trem de brinquedo.

Isso é o máximo a que chegamos. *Senhor*, eu perguntei, *o que aconteceu?*

Olhei para os trilhos por onde o trem serpenteava a montanha, as casas, a igreja, a cidade onde cada pessoa conhecia todas as outras. Num compasso de vida como esse, as pessoas tinham tempo para as outras. Nós estamos apenas numa pressa exagerada.

Mas não precisamos estar. No final das contas, tínhamos escolhido fazer todas essas atividades. Lembro-me de uma noite em que uma tempestade de neve impediu Max de ir ao grupo de jovens na igreja. Ficamos em casa, comemos pipoca e assistimos vídeo — todos juntos. Era o tempo da família, da maneira que Eric e eu tínhamos uma vez imaginado. Por que não podíamos garantir que faríamos mais coisas como essa? Como poderia essa atividade febril ser a vida que Deus tinha destinado a nós?

Quando me recuperei da pneumonia, eu me propus a mudar as coisas. Nós perguntamos a nós mesmos se os nossos filhos queriam fazer tudo o que nós tínhamos programado para eles. Co-

---

* Acordo entre vários pais, que revezam os dias de levar de carro os seus filhos até os locais das suas atividades programadas. (N.T.)

mo acabou se comprovando, Max se sentiu aliviado por abandonar o escotismo. Betsy escolheu interromper por um tempo o futebol. E quando alguém me pede para atuar como voluntária em alguma coisa na escola, eu não digo imediatamente: "Sim". Em vez disso, eu digo: "Deixe-me pensar sobre isso". Não é porque as atividades não sejam merecedoras. É apenas para permitir mais tempo para a nossa família. Pois é aqui que as crianças aprendem os valores que elas conservarão para o resto da vida. Um sentido de jogo limpo, respeito e diversão.

Numa noite quente de primavera, não faz muito tempo, nós quatro nos reunimos no quintal ao redor de uma pequena fogueira na cavidade que reservamos para esse fim. Eu trouxe alguns marshmallows e nós os assamos em espetos feitos com galhos que nós apanhamos no bosque. Logo algumas crianças da vizinhança se aproximaram para ver o que estávamos fazendo.

"O que vocês estão fazendo?" um garoto perguntou.

"*Smores*", eu disse, colocando o meu *marshmallow* derretido e um pedaço de chocolate entre dois biscoitos de farinha de trigo integral. Na verdade, eu queria dizer a ele: "Fazendo Willoughby". Mas eu sabia que ele não entenderia o que eu queria dizer com essa palavra. Em vez disso, apenas perguntei: "Você quer se juntar a nós?"

Ele se juntou.

Os temas principais deste livro estão embutidos nessa história de Willoughby. Os sonhos iniciais para uma vida familiar íntima, com tempo para afagos e para desfrutar a companhia uns dos outros. O aquecimento gradual das águas agitadas das atividades programadas, alimentadas por oportunidades enriquecedoras e pelo medo de não fazer o suficiente pelo futuro do filho. A pressão da comunidade para continuar fazendo sempre mais. A sensação de desesperança a respeito de fazer mudanças reais. E a decisão de fazer alguma coisa para recriar o sonho original dos pais, de uma vida em família, vinda de um tempo anterior ao nascimento das crianças.

Nenhum de nós na verdade mora em Willoughby, que hoje realmente parece um lugar vindo de *Além da Imaginação*. Nós estamos totalmente aninhados no século XXI. Nem todos nós temos opções quanto a trabalhar fora de casa ou viver em meio à primeira vizinhança que escolhermos. Porém, não somos ilhas. Somos parte de comunidades que apóiam os nossos esforços para colocar a família em primeiro lugar, ou para abalar esses esforços. As apostas são altas. A geração atual dos estudantes universitários tem apenas lembranças limitadas do tranqüilo tempo da família e das ociosas brincadeiras em casa e nas vizinhanças. Um jovem repórter nos contou que, lamentavelmente, quando ele estava crescendo, sua família tinha jantares com todos reunidos apenas no Dia de Ação de Graças e no Natal. Nós lemos sobre calouros da Universidade de Princeton que usam Palm Pilots para agendar o tempo com os amigos às sete da manhã porque eles estão acostumados com uma programação de atividades tão intensa que só lhes permite pouco tempo livre para desfrutar com os amigos. Uma fatigada garota de 10 anos de idade diz ao seu médico que queria ficar mais em casa, e o médico não sabe como apresentar esse anseio para os pais.

E por aí vai. Outra estressada menina de 7 anos de idade sussurra para um pai da vizinhança que queria que a sua mãe a deixasse sair do escotismo. Uma mãe observa, lamentando-se, que a sua família passa tanto tempo na minivan da família que ela deveria decorá-la! Um treinador que tenta levar equilíbrio para a sua comunidade fica desanimado quando se defronta com uma programação para garotos de 11 anos de idade que têm aula pratica às dez horas da noite às quintas-feiras num local a 45 minutos de casa. Os pais dizem que eles odeiam essas tarefas, mas não sabem como mudá-las sem privar os filhos das oportunidades. Cada um está com medo de ser o primeiro a fazer cortes. Um estilo de vida saudável parece estranho num mundo insano.

Basta, nós dizemos. Estamos convocando um movimento extenso de pais cidadãos para que recuperem o tempo de suas famílias num mundo onde elas são dilaceradas pela hiperatividade programada e pelas falsas promessas de ganho individual para as crianças e para os pais. O movimento Putting Family First é um começo. Nós invocamos uma iniciativa democrática por parte dos pais para que eles recuperem a sua liderança para criar a próxima geração, a começar pela retomada do recurso insubstituível do tempo da família. Nós criamos esse problema juntos, e juntos podemos solucioná-lo.